人間を知る、経営を知る

# 松下幸之助
# 感動のエピソード集

PHP理念経営研究センター《編著》

PHP

# まえがき

二〇二四（令和六）年は、経営者・松下幸之助の生誕一三〇年に当たります。日本の経営史において、松下幸之助は昭和を代表する経営者の一人として、今も大きな存在感を示しています。

それはまず、幸之助の事蹟《じせき》として、みずからが志した家電製品製造が生活の近代化に直結する中心事業となり、当時の日本の高度成長を象徴するものとなったこと。さらには、同時代に彼の体験から確立され、語られた経営哲学や理念が世の多くの経営者から支持され、今も日本のみならずアジアを中心に注目を浴びているからと言えるでしょう。

その成功を裏づけたのは彼の人生そのものにあったと考えられます。ジャパニーズ・ドリームと言われた成功の背景には、これ以上の不条理はないと思われる不幸がありました。四歳のころ、父親の投機失敗から始まった数々の苦難、小学校四年中退から大阪での厳しい奉公生活、次々に早世していく七人の兄や姉、両親。そして自身も免れなかった生涯を通じての病弱。

そうした困難に遭いながら、みずからの志で電灯会社の内線工へ転身し、さらに独立、小さな町工場を切り盛りしながら、一代で松下電器産業（現パナソニックグループ）を世界的企業に育てあげました。その要因は、いったいどこにあったのでしょうか。

何より重要なのは、幸之助の言う〝行き方〟にあると思われます。世間の通念では絶望的、ハンディとなる状況にあっても、何とか立ち行く道を、物の見方や考え方を革新的に捉《とら》えなおし、打開する。その大小のたくさんの事実こそ幸之助の〝行き方〟の結晶であり、人びとに夢や希望、行動の示唆を与えてくれたものだったように考えられます。

中でも注目に値するのは、自身の能力の限界をよく認知し、素直な心で、周囲の人々の協力や衆知を集め、この大業を成し得たこと。また自分だけではなく、共存共栄の言葉どおり、消費者はもとより、すべてのステークホルダーとの繁栄を分かち合う姿勢に徹したことです。

幸之助のこうした〝行き方〟は世の企業家、経営者に大きな影響を与えてきました。このグローバルの時代のもと、私利私欲に陥りがちな現代で、真に望ましい資本主義、産業社会のあり方を考えるとき、幸之助の目指した繁栄のための考え方は、今後も日本のみならず、世界に継承され、また研究の対象にされるべきではないかと願ってやみません。

幸之助哲学、経営理念の学びは、自身が後半生、並ならぬ情熱で取り組んだ『道をひらく』をはじめ、『私の行き方 考え方』『実践経営哲学』といった著作、また多くの関係書籍に反映されており、それら多彩な資料によって学ぶことができます。

たくさんの読者を得ている一方で、新たな課題もあります。それは、時代の流れとともに、幸之助の人となりがますます伝わりづらい状況になっていることです。幸之助を直接知る人びとが年々鬼籍に入られるのは、如何《いかん》ともしがたい状況です。

代表的な著作は幸之助の思いを知る点では最適ですが、血の通った人間性を伝えるものとしては十分とは言えません。幸い、かつて幸之助の指導を受け、経営を引き継いだ多くの方々の証言が残されており、それらが集められて、エピソード集が何冊か編まれたことがありました。

幸之助の数々のエピソードは、さりげない言動の中に、本質を考え抜いた幸之助の思考や決断を見て取るにはありがたい資料です。人の心を動かし、人間大事の経営が実践される様《さま》は、本人が語る回想より、周囲の人びとによる証言のほうが説得力があります。

そこでこのたび、エピソードを再編し、幸之助の人物像を伝え、物の見方、考え方の原点を改めて知ることのできる読み物を刊行することと致しました。

　松下幸之助生誕一三〇年は、公益財団法人 松下社会科学振興財団 松下資料館開設三〇周年にも当たります。松下資料館は松下幸之助夫人むめのにより設立され、長年、松下幸之助の哲学や思想を展示して参りました。ことに近年は〝松下幸之助を体験できる施設〟として、アジアを中心に外国人経営者の訪問が増え、幸之助を学ぶ場として定着しています。

　松下むめのは幸之助と結婚以来、生涯にわたって最良の伴侶として幸之助の成功を支えました。苦難の創業期は幸之助をして、「交渉ごとは、私より家内のほうが強い」と言わしめ、家庭に入ってからは分をわきまえ、内側から万全の配慮で幸之助を支えた妻むめの。その姿勢は松下の社員からも〝もう一人の創業者〟として慕《した》われ、長く尊敬されてきました。同施設の盛況は、そんなもう一人の創業者の遺志に報いることと言えましょう。

　このたびの出版は松下資料館とPHP理念経営研究センターの協力のもと実現できたこともあり、本書は夫人むめのの遺徳と幸之助夫妻の繋《つな》がりを偲《しの》べる、夫人にまつわる新エピソードも加えています。

　本書が、令和の新世代を担う多くの方々に、仕事をする上でも、商売や経営のより高みを目指す上でも、よい人生を送る上でも、少しなりともお役に立てますならば、これに勝る喜びはございません。

令和六年三月

公益財団法人 松下社会科学振興財団 松下資料館
ＰＨＰ理念経営研究センター

装丁　片岡忠彦

# 松下幸之助　感動のエピソード集――目次

# I

# Ⅱ

# Ⅲ

# Ⅳ

# V

# Ⅵ

# Ⅶ

# I

I - 1

# 役に立たない人はおらん！

昭和三十年代の前半、あちこちに事業所が増えつつあった松下電器の急成長時代のことである。ある営業所長が、幸之助に、自分のところは新しい職場で、いろいろなところから人をまわしてもらっているが、どうもいい人が来ない、役に立たない人が多くて困っているという話をした。

それを聞いた幸之助は、こう言った。

「新しい職場の責任者はたいへんやろ。けどな、松下電器の社員には役に立たない人はおらんはずやで。もともと、そんな人を採用しているつもりはない。きみは劣る人ばかりで困ると言うが、もし、そういう人があれば、その人を引き立てて、その能力が最大限に発揮できるようにすることを考えるのが責任者の役目やないか。それを新しい職場だから来る人がみなよくない人だ、と決めつけてしまっては、きみ、いかんやないか」

＊創業当初より、資本もなく、それゆえ優秀な人を高給で得ることなど到底できなかった幸之助。唯一できたのは、限りある人材を精一杯使いこなすことだった。幸之助の人を大切にする姿勢は、以降も変わることがなかった。

## I-2

# 息子さんを信じましょう

昭和十二（一九三七）年、月給三五円の新入社員が、経理係の勤務になり、一〇万円以上もの現金を扱うことになった。今の金額でいえば数億円近くにもなる大金である。新入社員は、郷里の父親に、「松下電器の経理で、今、一〇万円の大金を扱っている」と自慢気に手紙で知らせた。ところが手紙を見て心配になった父親は、幸之助に苦情の手紙を出した。

「学校を出てまもない若者にそんな大金を扱わせて、もし万一のことがあったらどうしてくれる。大事な息子の一生をダメにしてしまうではないか。もうちょっと様子を見て、使いものになるようだったら、金を扱わせるというふうにしてくれたらどうか」

幸之助の返事は、つぎのような趣旨のものであった。

「親御さんの心配はよくわかる。わかるが、本人は喜んで仕事をしている。それならば本人にどこまでやれるか、やらせてみようではないか。ひとつ息子さんを信頼して、激励してあげてはくれませんか」

数年後に父親から、幸之助とのあいだにそんなやりとりがあったことを聞かされたその社員は、〝もうどんなことがあっても、松下電器に骨を埋《うず》めよう〟と決心したという。

# I-3

# もう一杯おかわりを

昭和四十年代の初め、日本の家庭に電気炊飯器がひとわたり普及し終えたころ、炊飯器事業部では、学校や病院の給食、将来の外食産業の需要を見越して、業務用炊飯器の開発に着手し、試作品を完成させた。それは、一度に大量のご飯が炊《た》けるのはもちろんのこと、フタも軽く、ハンドル一つで炊きたてのご飯を取り出すことができたし、水洗いも簡単にできるものであった。

技術者たちは、試作品を持ち、勇んで本社での重役会に臨んだ。開発のねらい、新製品の特徴などについて熱のこもった説明が行なわれたが、重役たちの反応はもうひとつ盛り上がったものではなかった。

やがて昼食の時間が来て、弁当が配られた。そこには、試作品で炊いたご飯が試食のために添えられていたが、そのご飯をおかわりした人が一人だけいた。幸之助である。

「この炊飯器のご飯、おいしいな。もう一杯おかわりを」

そのひと言は、技術者たちにとって、どのような激励やほめ言葉よりうれしいものだった。そのとき、この会議に出席していた技術者の一人は、「食が細いということを聞いていたのに、〝もう一杯おかわりを〟と言われたときは、ほんと、もう胸がいっぱいになりましたね」と、のちに語っている。

## Ⅰ-4

# 煉物技術の公開

大正七、八年ごろ、ソケットやプラグ、扇風機の碍盤《がいばん》の材料はアスファルトや石綿《いしわた》、石粉《いしこ》などを調合してつくる煉物《ねりもの》といわれるものであった。その煉物の技術は、今でいえば企業秘密、多くの工場では、技術が外にもれることを恐れ、工場主の兄弟とか親戚などにしかその製法を教えていなかった。

しかし、幸之助は当時、一般的であったそうした行き方をとらなかった。

〝煉物の技術を秘密技術として見ていくことは、製作するにあたって、秘密が外にもれないようにと、それだけよけいに気を使わなくてはならない。これはまことに能率が悪い。それに、同じ工場で働く仲間同士のあいだに秘密があってはたしてよいものかどうか〟

幸之助はいろいろ考えた末、一つの結論を出した。つまり、製法を身内だけの秘密にするのは思い切ってやめて、新しく入った者にも教えることにしたのである。

すると、ある同業者が幸之助の行き方を見て言った。

「松下さん、あなたのやり方はまことに危険だ。新しく入った人にまで製法を教えるということは、それはもう技術の秘密を公開するようなものだ。そうすると同業者も増えかねない。お互いのマイナスにもなり、松下さんのマイナスにもなるのではないですか」

それに対して幸之助は、

「そう心配はいらないと思います。その仕事が秘密の仕事ということを話しておけば、あなたが恐れるほどむやみに裏切って、みだりに他へもらしたりするものではないと思います。要は、お互いに信頼を持つことだと考えます。

一つのことにとらわれて、いじましい経営をするのは、事業を伸ばすことにつながらないばかりか、人を育てる道でもないと考えていますから、そう好んで公開するわけではありませんが、この人はという人であれば、きょう入った小僧さんにでも技術を教えていくつもりです」

と話した。

すると、その人は、「そういう見方もあるのかね」と、半信半疑の体《てい》であったが、実際、技術を公開してからの幸之助の工場は、気分的に明るくなり、みな生き生きと働くようになった。

＊経営の成果や決算その他の情報を社内にありのまま公開する「ガラス張り経営」の考え方は、このようなかたちで、創業当初から実践されていた。

# I-5

# 光秀になるなよ、秀吉を見習え

ある社員が、二人の上司のうち、信頼し慕っていたほうの上司に転勤命令が出たことに抗議するため、同志とはかって辞職願いを出した。大決心ではあったが、本心ではやめたくはなく、結局、幸之助に詫びを入れて、なんとか収まった。

幸之助のもとに一同が集められたとき、「たいへんご心配をかけました」と頭を下げる社員に幸之助は、間髪《かんはつ》を入れずこう応じた。

「何を言うか。きみたちは、これからも心配をかけるだろう」

このひと言で一同は安堵《あんど》の胸をなで下ろした。

後日、幸之助はその社員を呼んで言った。

「きみ、光秀になるなよ。上の者の欠点にこだわって反抗したのでは正しくても大成しない。残したほうの責任者は、確かに欠点も多いが自分は得がたい経営者だと思っている。秀吉のようによいところを見て対処しなさい」

# I-6

# きみだったら必ずできる

昭和二（一九二七）年、松下電器が初めてアイロンの開発を手がけたときのことである。幸之助は若い技術者を呼んで言った。

「今、アイロンというものを二、三の会社がつくっているが、使ってみると非常に便利である。しかし、残念ながら価格が高く、せっかく便利なものなのに多くの人に使ってもらうことができない。そこで、わしは合理的な設計と量産によって、できるだけ安いアイロンをつくり、その恩恵にだれでもが浴せるようにしたい。今、師範学校を出て、小学校に勤めた先生は給料が安く、たいてい二階借りをして暮らしているが、そのような人でも買える価格にするためには、今四円から五円しているのを三円くらいに下げなければならない。それを松下でぜひやり遂げたいのだがどうだろうか」

技術者は、幸之助の熱意に感激した。すかさず幸之助は命じた。

「きみひとつ、このアイロンの開発を、ぜひ担当してくれたまえ」

ところがその技術者は、金属加工の経験はあるけれども、アイロンなど電熱関係についてはまったく何も知らない素人である。当然辞退した。

「これは私一人ではとても無理です」

それに対する幸之助の言葉は、力強く誠意に満ちていた。

「いや、できるよ。きみだったら必ずできる」

そのひと言で青年の心は動いた。なんとかできるような気がしてきた。

「こういう意義のある仕事です。及ばずながら精いっぱいやらせていただきます」

幸之助が願ったとおりの低価格で、便利なナショナルスーパーアイロンができあがったのは、それからわずか三カ月後であった。

## Ⅰ-7

# 一度目は経験、二度目は失敗

昭和三十（一九五五）年ごろのこと、競争の激化によって、電機業界は非常に混乱していた。松下電器の代理店の中にも倒産するところが出て、被害総額は数百万円にものぼった。

倒産した代理店を管轄していた東京営業所の所長は、責任を感じ、始末書を持って、本社の幸之助のもとに出向いた。そして、こういう大きな損害をこうむった、これだけのお得意先に迷惑をかけた、金額はこれだけである、その原因はこういうところにある、と一つひとつ報告し、

「これはやはり私の監督不十分であります。まことに申しわけありませんでした」

と、頭を下げた。

「二度とこういうような失敗をくり返さないために、こういう対策を立てました。当面の処置対策はこのようにいたします」

じっと聞いていた幸之助は、

「そうか。きみな、一回目は経験だからな。たいへん高い経験をしたな。しかし、二度くり返したら、きみ、これは失敗と言うんだぞ。二度と犯すなよ」

そして尋ねた。

「ところできみ、最近の市況はどうや。ラジオや電球はどうや」

厳しい処分が下ることを覚悟していた営業所長は、そのひと言に涙があふれた。

## I-8

# おまえまでが……

松下電器の社員が五〇名くらいになっていた、夏の暑い日であった。その日のうちに、どうしても仕上げてしまわなければならない仕事があって、五、六人の社員が幸之助から残業を命じられていた。

ところが、遊びたい盛りの若い社員である。残業を命じられていた者も、みな仕事をほうって、広場に野球をしに行ってしまった。最後まで残っていた先輩格の一人が、皆に遅れて工場を出ようとしたときである、幸之助が出先から戻ってきた。

　頼んでおいた仕事はできたのか、みんなはどこへ行ったのか、と尋ねる幸之助に、その社員は、仕事はあす仕上げることにして、みんな遊びに行ってしまったこと、自分もこれから行くところであることを告げた。

「なんやて。残業してやってくれと言うたのになんでやらんのや！　仕事をほっといてボール投げに行くとは何ごとか。それだけやない。おまえまでがそんなことをするのか！」

「………」

　翌日、仕事が終わるころ、幸之助から呼ばれたその社員は、思いがけず夕食をご馳走《ちそう》になり、長い訓示を受けた。

「他人が遊んでいたら、自分も遊びとうなるやろ。けどな、命じられ、引き受けたことは、やり遂げる責任がある。その責任を果たすということは、人としていちばん大切なことや。そやから、わしはあれだけ怒ったんや。わかったか」

　諭すような幸之助の言葉だった。

I

＊「きみならば」「おまえまでが」「きみともあろう者が」という呼びかけは、幸之助がよく口にしていた表現である。

# I-9

## なぜ上司を説得せんか

幸之助は、ある商品についての説明を、技術担当者から受けていた。

「きみ、この商品のデザインはもうちょっとこうしたほうがええのとちがうか」

「はい、実は私も製作段階でそう思っていました。しかし、上司の反対にあいましたので、今のような形にいたしました……」

幸之助の顔が急に厳しくなった。

「いいと思ったのであれば、なぜ上司を説得せんかったのか。上司説得の権限はきみにあるんだよ」

## I-10

# 徹すれば神通力が

昭和三十五、六年のこと。当時の冷蔵庫の販売は、各メーカーが十月にその年の新製品をいっせいに発表、その展示会をディーラーが見てまわって注文するというかたちで行なわれていた。

したがって各メーカーとも、展示会にすべてを懸《か》けて、いかに他社よりすぐれた新製品を打ち出すかにしのぎを削っており、ときには勢いあまって企業スパイまがいの情報収集合戦も見られる状況であった。

そんなとき、たまたまある有力な筋から、他社情報の売り込みの話が松下電器にもたらされた。冷蔵庫事業部の責任者から相談を受けた幸之助は、即座に答えた。

「それはやめておこう」

そしてこう続けた。

「なあ、きみ、神通力という言葉を知っているやろ。そういう言葉があるということは、これまでにその神通力を身につけた人があったということや。だからわれわれでも、ほんとうに事業に打ち込んで徹底すれば、神通力が身につくはずや。そうなれば、他社の動向でもなんでもおのずとわかるようになる。そうならないかんで」

## I-11

# 十年間辛抱してみい

松下電器が九つの分社に分かれていた昭和十一（一九三六）年のこと。その分社の一つ、松下乾電池で、その年に配属された新入社員、三五、六人が集められ、幸之助を囲む懇談会が持たれた。

そのとき、何か感想があれば言ってほしいという司会者の言葉に、一人の新入社員が立ち上がって言った。

「私は会社をやめようと思ったんです。今からでは行くところもありませんので、まだいますけど、松下電器はエゲツない会社やと思います」

「どうしてや」と問う幸之助に、新入社員は、自分はアマチュア無線のライセンスを持っていて、できたら無線関係のところに入りたく思っていたこと。松下無線の専務が自分の学校に求人に来たので、てっきり松下無線に入社できると思っていたところが、案に相違して乾電池にまわされてしまったことを説明し、ひどいやり方だと思うと述べた。それは、率直な気持ちであった。

「それで、今きみは何をしてるのや？」

「調合場で真っ黒になって実習しています」

調合場は、乾電池の中味である黒鉛や二酸化マンガンなどを調合するところで、当時は、手も顔も作業服も真っ黒になる最も汚れの激しい仕事場の一つであった。

「それは考えと違ってえらいところへ来たな。しかし、松下電器というのはええ会社やで。きみ、わしにだまされたと思って十年間辛抱してみい。十年辛抱して、今と同じ感じやったら、わしのところにもう一度来て、頭をポカッと殴り、『松下、おまえは、おれの青春十年間を棒に振ってしまった！』と大声で言ってやめたらいいやないか。わしは、たぶん殴られんやろうという自信を持っておるんや」

二十年ほどのち、その新入社員は乾電池工場の工場長になった。

＊みずから認識できる適性もあるだろうが、さまざまな仕事の経験から発掘される適性もまた確かなところがある。幸之助は両方を大切にしていた。

## I - 12

# これ以上悪くならん

昭和三十（一九五五）年、東京営業所の無線課長が、九州の小倉営業所へ所長として転勤せよ、との内示を受けた。

働き盛りの三十五歳、明らかに栄転であった。しかし、その心は必ずしもはればれとしたものではなかった。

〝営業所長ともなれば、地域全体の経営、販売、人事と、すべてのものを見ていかなければならない立場だ。それに加えて、九州は以前、松下の勢力が強く、いわば金城湯池《きんじょうとうち》の地であったというが、最近は「家庭電化ブーム」で市場が戦国時代に突入し、松下の勢いも下がり気味で、きわめて厳しい状態だという。これはたいへんなところへやられるな……〟

　東京での生活が長かったその課長にとって、九州はまた、遠い、見知らぬ土地でもあった。

　そんな内心の不安を隠して辞令交付に臨んだ課長に、幸之助はこう言葉をかけた。

「きみ、今度は九州だよ。九州はね、実は今、状況が悪いんだ。昔はものすごくよかったんだが、今はいうなれば最低の線だ」

「………」

「ということはだね、きみがこれから行って何かをすれば、そうしたぶんだけ必ず業績が上がるということだ。もうこれ以上悪くはなりようがないんだから。

　一所懸命やっても業績が上がらんというところもある。しかしね、きみがやればやるだけ業績が上がるというのは、きみ、いいところへ行くね。幸せだよ、きみは」

## I - 13

# きみ、あんまり働きなや

昭和三十七（一九六二）年十月、松下電器は、台湾松下電器を現地資本と合弁で設立した。人員は一〇〇人あまり、主製品はラジオとステレオ。しかし、当初、経営は非常に厳しく、設立から約一年で資本金にほぼ等しい赤字が生じていた。

出向責任者がその間の事情を報告に幸之助のところへやってきた。二十分ほど、じっと報告に聞き入っていた幸之助は、「きみ、せっかく台湾から帰ってきたんやから、ひとつみやげをやろう」と初めて口を開いた。

「きみ、あんまり働きなや」

芳《かんば》しくない報告をしたあとだけに、叱咤《しった》激励されるものとばかり思っていた責任者は驚いた。

「台湾松下が今、月々損を重ねているのは、責任者であるきみからすれば、たまらんことやろう。けれどもこの損は、工場が十分に稼動していない、販売網もまだできていないために出てきている損や。

そんなときにきみな、あわてて物つくって、不良を出したときの損は大きいで。販売網もろくにできていないのに変な売り方をして、貸し倒れになったとしたら、えらい損するで。

だから、十分工場が稼動して、販売網も整うまでは決してあせったらいかん。あんまり働いたらいかんな」

## I-14

# 工場に机を持って入れ

「ちょっと来てくれんか」

あるとき幸之助は本社人事部の責任者を呼んだ。その責任者は、役所を中途退官したあと、四十歳を過ぎてから松下電器に入社、二年半ほどその仕事に従事していた。

「きみ、人事をやってもらっているが、今のままでいいと言うならそれでもいい。しかし、まあ、うちの会社は物をつくって、物を売るところや。いっぺん苦労して出直してみる気はないか」

「はい、どんなところでも結構ですから、勉強させてください」

それからしばらくして、再び幸之助から呼び出しがあった。

「きみ、製造部長として事業部へ行ってくれんか」

「はい」

「本社の人事部長から事業部の部長にということになれば、周囲が何を言うかわからんで。〝あいつ何か悪いことしたのかもしれん〟と言うやつもおるかもしれん。しかし、そんなことは気にすなや。それと物づくりを勉強してもらうんやから、事務所あたりに机を持っとっちゃいかん、工場の中やで。工場の中に机を持ち込んで仕事をすることや」

製造も販売も、すべて仕事はまず現場を知らなければならない。幸之助は、あらゆる機会にそのことを強調していた。

I - 15

# 授業料出してんか

昭和八（一九三三）年七月、松下電器門真《かどま》本店竣工《しゅんこう》。次いで九月、第十一、十二工場完成。来賓を招待し、三日間にわたって披露をすることになった。

新工場群の一隅に、柔・剣道の道場として尚武《しょうぶ》館が併設され、初代館長には二十六歳の工場長が任命されていた。

前日の夕方、幸之助が招待客案内のコースを下見してまわった。尚武館に入ったとき、ずうっと見てまわる幸之助の足がピタッと止まった。その視線の先には、欄間《らんま》つきの豪華な神棚があった。

「なんちゅうもんを置いとる！　武道というもんは簡素なもんや。豪華なばかりが能やない。こんなごったらしいもん置くやつあるかい、すぐ替えッ！」

困ったのは青年館長である。翌日の九時に披露開幕が迫っている。時間がない。だいいち、神棚にまつる祠《ほこら》などどこで売っているのか見当もつかない。とにかく京阪電車で天満《てんま》へ出た。人に尋ねまわったが、聞く人聞く人、みな知らないという。あちこち尋ねまわるうちに日は暮れる、店は閉まりだす。やっとのことでそれらしきものを売っている店を見つけ出したときは十一時を過ぎていた。「あしたにしてくれ」と言うところを三拝九拝してようやく小さな祠を手に入れることができた。

もう終電車は出てしまっている。やむなく門真までの十数キロを歩いて帰り、祠を取り替えると、しばらくのあいだ宿直室で仮眠した。

さて当日、午前七時に、幸之助の最後の巡視があった。夜どおしかかって買ってきた祠である。さぞほめてくれるであろう。館長はいささか得意気に言った。

「あれ替えときましたで」

「そうか、そらよかったな」

期待に反して幸之助は、ちょっとうなずいただけ。そのまま尚武館を出ていってしまった。

〝なんということだ。人がせっかくこれほどまでに苦労したのに。あの人はほめるということを知らんのか……〟

三日間の披露が無事にすんだ翌日、館長は幸之助の部屋に呼ばれた。

「きみ、だいぶ苦労して買うてきたらしいな」

「はいッ。戻ってきたのは夜明け近くでした。ハッ」

するとと幸之助は館長の鼻先に手を差し出して、こう言った。

「駄賃をくれ。授業料のせてんか」

「……」

「きみはぼくに授業料出さなあかんで。ぼくはきみに経営のコツを身をもって教えてやったんや。経営のコツを悟ればその価値百万両や、さあおくれ」

返す言葉もなく、涙が出るほど感激している青年を見ながら、幸之助はニコリと笑ってひと言つけ加えた。

「まあ、今すぐもらわんでもええけどな」

I - 16

# 金沢出張所の開設

昭和の初め、金沢に出張所を開設するにあたって幸之助は、だれを責任者にしようかと考えた。ベテランを派遣すれば安心だが、みな本店の仕事に不可欠で手放せない。あれこれ思いをめぐらすうち、頭に浮かんだのは二十歳を過ぎたばかりのある店員であった。

〝あの男ならなんとかやれるのではないか。若いけれど、若いからやれないということもなかろう〟

そう考えて、本人を呼んだ。

「今度金沢に出張所を出すことにしたんやが、この仕事をきみに担当してもらいたい。金沢へ行って、どこか適当なところに貸家を借りて店開きしてほしい。資金は一応三〇〇円用意した。これを持ってすぐにも行ってくれたまえ」

突然の社命に若い店員は驚いた。

「そんな大役が私に務まるでしょうか。私はまだ会社に入って二年ほどしかたっていないかけ出しです。年も二十歳を過ぎたばかりで何の経験もありませんし……」

「いや、わしはきみにできないことはないと思う。必ずできるよ。考えてもみてみい、あの戦国時代の加藤清正や福島正則などの武将は、みな十代から大いに働いている。若くして自分の城を持ち、家来を率いて、民を治めている。それを立派にやっている。明治維新の志士にしても、みな若い人ばかりやないか。それが国難にあたって適切に対処し、新しい日本を築きあげている。きみはもう二十歳を超えている。やれないことはない。大丈夫や、きっとできるよ」

確信に満ちた幸之助の言葉に、青年店員はうなずいた。

「わかりました。やらせていただきます。私のような者に命じていただき、光栄です。徹底的にやってみたいと思います」

こうして、その店員は、強い決意を秘めて金沢に赴《おもむ》き、直ちに活動を開始した。幸之助のもとには毎日のように開設準備の進捗状況の報告が届いた。やがて準備が万端整い、出張所は無事開設されたのである。

その翌年の夏、幸之助はたまたま所用で金沢を通って北海道へ行く機会があったが、金沢駅のプラットホームにはその店員が元気な顔を見せた。

I

「みな元気にやっています」

そのとき、金沢出張所の店員は七人に増えていた。

# I－17

## ウルトラCのトースター

バイメタル方式の自動トースターが開発されたときのことである。開発にあたった技術者二人が、試作品を持って本社の製品審査室に赴いた。審査室は新製品を検査する部署であるが、二人が廊下で待っていると、会議に出席するために、たまたま通りかかった幸之助が声をかけた。

「きみたち何や」

「自動トースターを持ってきました」

「自動トースターって何や」

「パンを入れてボタンを押すと、ちょうどころあいに焼けて出てくるんです」

「へぇ、そんなええもんができたんか。それ見せてもらおう」

幸之助は、受付の女性社員を呼んだ。

「会議は欠席や。これからこの二人と昼飯食うわ。食パンと牛乳買うてきて」

女性社員が買ってきた食パンをトースターに入れ、三人が固唾《かたず》をのんで見守るうちに、パタンという大きな音がしてパンが飛び出し、空中で一回転、見事に幸之助の正面の机上に着地した。びっくりして顔を見合わせる二人に、幸之助は言った。

「きみ、うまいことできとるな。しかし、これはちょっとできすぎとちがうか」

試作品のバネの調整が強すぎた結果であったが、たまたま通りかかった社長が、みずから試作品を試してくれたこの行為は、若い技術者に何よりの励ましを与えるものであった。

## I - 18

# 一年間何をしていたのか

入社して一年ほどで肋膜炎《ろくまくえん》を患い、一カ月入院した青年社員が、社内新聞の編集担当部署に復職した。その一日目、青年はできあがったばかりの社内新聞を、幸之助のところへ届けるよう命じられた。

新聞を手にして幸之助は尋ねた。

「これは何部発行しているのかね」

「いや、すみませんが、存じません」

「一部、何ぼにつくんか」

「わかりません。実は仕事が替わったばかりですので……」

「きみはいつ会社に入ったのかね」

「去年入りました」

「一年間どこにおった」

「営業をやっておりました」

「一年も営業をやっていて、パッと新聞を見たとき、これが一部何ぼぐらいにつくものか、何ぼぐらい発行されているのか、そういうことに興味を持たんようではあかんやないか。きみは高等商業学校を出てきたんやろ。学校を出て松下に入り、一年間営業をやってきたのに、ただ持っていけと言われて、ハイと言って持ってくるだけだったら、子どもと同じやないか。そういうことではきみ、あかんよ。一年間何をしていたんや」

「あのときさんざん油をしぼられたことが、今でも非常に強く印象に残っている」というのが、この青年がのちに松下電器の副社長になってからの述懐《じゅっかい》である。

# I - 19

# 電話での教育

ある若い社員が、灯器の工場長に任命された。赴任してから二週間のあいだ、毎日、朝夕二回、ときには夜中に自宅へ、幸之助から電話があった。

「きょう従業員はどうや、みんなで何人来てる」「困ったもんはおらんか」「きょうの売上げは何ぼになった」……

やがて電話は、三日に一回、一週間に一回、二週間に一回と減っていった。幸之助は、電話でのやりとりを通じて、新前《しんまえ》工場長の指導育成をはかっていたのである。

ときにはあえて、こんな方法もとった。

アメリカへのランタンの輸出が伸びているとき、その工場長に幸之助から電話があった。

「きみ、今ランタンはどのくらい出ているんや」

答えを待ってすぐつぎの質問が続く。

「そのランタンにはパテントがあるのか」

「はい、三件あります」

「きみ、そのことをちゃんと紙箱に印刷しておるやろな」

さて、どうだったか、自信がない。工場長は正直に答える。

「たぶんしているとは思いますが……。申しわけありません」

「パテントというようなものはちゃんと表示しておかなくてはいかんよ」

「はい、すぐ確認しておきます」

電話を切ってさっそく確認してみると、パテントは確かに表示されていた。

「ああ、よかった」

数日後、本社を訪ねたおりに工場長は、幸之助の秘書からこんなことを耳うちされて驚いた。

「このあいだ、社長があなたにランタンについていろいろ質問しておられたでしょう。実はあのとき、社長はランタンの紙箱を見ながら電話しておられたのですよ」

＊こうした例は多く、幸之助は経営の現場で〝問う〟姿勢に重きを置いて指導をしていた。

## Ⅰ-20

# 六割は気に入らんけれども

「きみのとこ今、部下何人おるのや」

幸之助が、ある課長に言った。

「主任が三人おります」

「その三人は、きみの言うことをよく聞いてくれるか」

「はあ、よく聞いてくれます」

「それは結構や。ところできみな、ぼくはいろいろ決裁しておるやろ。それを見て、世間ではぼくのことをよくワンマンだとか言っているらしいが、しかしな、ぼくが初めからこれでいいと思って決裁しているのはだいたい四割ぐらいやで。あとの六割は気に入らんところもあるけどオーケーしているんや」

「はあ」

「しかしな、きみ、そのオーケーしたことが実現するまでに、少しずつ自分の考えているほうに近づけていくんや。もちろん、命令して自分の思うように事を進めるのも一つの行き方ではあるけど、一応決裁はするが、そのあと徐々に自分のほうに近づいてこさせるのも、責任者としてのまた一つの行き方だと思うんや」

＊こうした姿勢を幸之助は「従いつつ導く」と表現していた。部下のやる気を極力損なわない配慮をしていたのである。

# II

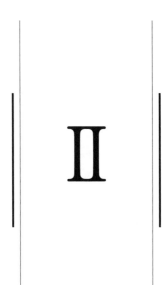

## Ⅱ-1

# しるこ屋をやれ！

昭和三十（一九五五）年ごろのことである。新型コタツの発売に踏み切った直後に、誤って使用されれば不良が出る恐れがあるとの結論が出て、市場からの全数回収が決定された。

その回収に奔走していた電熱課長がある日、幸之助に呼ばれた。

「きみが電熱担当の課長か」

「はい、そうです」

「会社に入って何年になるかね」

「十八年になります」

「きみ、あしたから会社をやめてくれ」

「……」

「今、会社をやめたら困るか」

「困ります。幼い子どもが二人いますし……」

「それは金がないからだろう。きみが困らないように金は貸してやろう。その代わり、わしの言うとおりにやれよ」

「はい……」

「会社をやめて、しるこ屋になれ」

「……」

「まあ、立ってないで、その椅子に座って。きみは、まずあしたから何をやるか」

「新橋、銀座、有楽町と歩いて、有名なしるこ屋三軒を調査します」

「何を調査するのや」

「その店がなぜはやっているのか、理由を具体的につかみます」

「つぎは？」

「そのしるこに負けないしるこをどうしてつくるか研究します。あずきはどこのがよいか。炊く時間と火力、味つけなどです」

「おいしいしるこの味が決まったとしよう。ではそのつぎは？」

「……」

「きみ、その決めた味について、奥さんに聞いてみないかん。しかし、奥さんは身内やから『うまい』と言うやろ。だから、さらに近所の人たちにも理由を説明して、味見をお願いしてまわることや」

「はい、必ずそれをやります」

「自分の決めた味に自信を持つこと。それから大事なのは、毎日毎日、つくるごとに決めたとおりにできているかどうかみずからチェックすることや」

「必ず実行します」

「それだけではまだあかんよ。毎日初めてのお客様に、しるこの味はいかがですかと聞くことが必要やな」

「はい、よくわかりました」

「きみはそのしるこをいくらで売るか」

「三店の値段を調べてみて、五円なら私も五円で売ります」

「それでいいやろ……、きみが五円で売るしるこ屋の店主としても、毎日これだけの努力をせねばならない。きみは電熱課長として、何千円もの電化製品を売っている。だからしるこ屋の一〇〇倍、二〇〇倍もの努力をしなくてはいけないな。そのことがわかるか」

「はい、よくわかります」

「よし、きみ、今わしが言ったことがわかったのであれば、会社をやめてくれは取り消すから、あしたからは課長としての仕事をしっかりやってくれ」

## Ⅱ-2

# 悪い主人に仕えても

戦前の話である。ある製造部長が出社してみると、自分の机とロッカーがなくなっている。かねてから折り合いの悪かった上司の事業部長が、突然、倉庫係への異動を決めてしまったのである。四、五〇〇人はいた部下が二人に減ってしまった。

一度はやめる決心をした部長であったが、〝待てよ、日本一の倉庫にしてからでも遅くはない〟と思い直して、朝は五時から倉庫にこもり、合理化、改造に取り組む日々を続けていた。

そんなある日、幸之助がひょっこり工場にやってきた。

「こんなとこで何しとる。きみの工場から不良品ばかり出とるぞ。どういうこっちゃ」

ここぞとばかり左遷させられた事情を説明し、事業部長との意見の相違を訴える部長を制して、幸之助は言った。

「きみな、いろいろ言いたいことはあるやろうけど、人間、大成しようと思えば、よい主人、悪い主人、どちらに仕えても勉強になるんやで。よい主人なら見習えばよいし、悪い主人なら、こないしたらあかん……とな」

その製造部長の人事は自分が預かる、以後勝手に扱ってはならない、との幸之助の決裁によって、一件は落着した。

## II-3

# 文句の多い職人

関東大震災のあった大正十二（一九二三）年もまもなく終わろうとしているころであった。幸之助が工場の鍛冶場《かじば》に入っていくと、見なれぬ小柄な若い職人が旋盤《せんばん》を使っている。

どこの人かと思って尋ねると、「私はH工場の者です。ちょっと旋盤を拝借しています」とのこと。髪を長くし、鍛冶屋の職人というより芸術家のように見える。

H工場は松下電器の下請工場で、急ぎの修理や旋盤仕事をするときには、松下の鍛冶場を随時使用していた。青年は東京で震災にあい、職を求めて大阪に来て、つい最近H工場に入ったばかりだという。仕事ぶりを見ていると、手の運びや動作に、素人離れしたところがあった。

その後数日たって、H工場の主人に会ったとき、幸之助は言った。

「きみのところにいい職人が入ったね。このあいだうちの鍛冶場で旋盤の仕事をしているのを見たよ。なかなかうまいようだから、間に合うだろうね」

「大将、あれはダメです。文句ばかり多くてダメですわ。うちの仕事の方法や何やかやに文句ばかり言ってます。あら、ダメですわ」

「きみはそう言うけれど、あの男は相当仕事ができるように思うがなあ」

「実は弱ってるんです。いっそのこと、大将のほうで使ってくれませんか。うちではあれに適当な仕事もありませんから頼みます」

「きみがそう思うなら、ぼくのところによこしたまえ。しかるべく使ってみよう」

そんな経緯で入社した二十二歳の青年は、のちに新しいアイロンやラジオを開発し、技術担当の副社長として活躍した。

## Ⅱ-4

# きみ自身の商売だ

「きょうの売上げはいくらになったか」

突然の質問に答えるべく、日計表を取り出そうとした担当者に、幸之助は言った。

「きみ、日計表を見なければ返事ができないようでは、ほんとうに真剣に仕事をしているとは言えんな。きのうまでの売上げはいくら、きょうはいくら、今月の目標はいくらだから何パーセントの達成率で、月末までの見込みはいくらだ、ということが常に頭に入っていなければほんとうの商売人やない。それはおそらくきみが店員として使われているという気持ちだからだと思う。きみ自身が自分で商売しているつもりでやってみてくれ！」

## Ⅱ-5

# 何のための仕事かね

昭和十三（一九三八）年ごろのことである。

毎日のように工場と事務所を巡回していた幸之助が、ある青年社員に声をかけた。

「きみ、その仕事は何をやっているのかね」

「はい、これは販売統計表です」

「その統計表は何のためのものかね」

青年は答えられなかった。

「だれから指示されたのかね」

「主任です」

幸之助は主任を呼び、尋ねた。

「この統計表は何のためのものかね」

主任も的確な回答ができなかった。幸之助は、

「仕事をする場合、あるいは仕事を指示する場合には、必ず目的をはっきりさせていなければいかんよ」

のちに幹部となった社員の、入社二カ月目の思い出である。

＊「問う」を発する際、重要なのは人に考えさせること。その点が幸之助のコミュニケーションの特徴で、その問いは、経営の本質を突くものがほとんどであった。

## II-6

# いちばん高いところでの会議

扇風機事業部は、扇風機という季節商品だけでは事業が成り立たないと、製造を担当する大阪電気精器と共同し、年中売れる商品として換気扇を開発した。しかし最初のころは、月産わずか二〇〇台、せいぜい食堂の厨房に業務用として使われる程度で、商売にならなかった。

関係者が集まっていろいろ考え、それまでの排気扇という名を換気扇に変えるなど、イメージの刷新をはかったが、それでも在庫が増える一方であった。

事業部長がそうした状況を幸之助に報告したところ、

「それは急には売れんだろう。だけど必ず売れる方法があるはずだ。一度、おもだった人と大阪のいちばん高いところで会議をしてみたらどうかね」

と言われた。

当時、大阪でいちばん高いところといえば、大阪城であった。気楽な気持ちで大阪城に上った部課長、技術者たちは、

「ずいぶん家が並んでいるなあ」

と、景色を眺めていて、ふと気づいた。

「これらの家には一台も換気扇がついていない。この一軒一軒に換気扇をつければ相当な需要になる」

この会議を契機に、公団住宅用の換気扇を開発するなど、一大開発運動が展開された。

やがて、換気扇が一台もない家のほうが珍しい時代となった。

Ⅱ-7

# 電池が語りかけてくる

第二次世界大戦後の混乱期には、原材料も乏しく、乾電池にも不良が出ることがしばしばあった。

そんなある日、乾電池工場を訪れた幸之助は、責任者から不良が出る状況について説明を受けたあと、不良の乾電池を二、三ダースとコードのついた豆電球を一〇個ほど自宅に持ち帰った。

翌早朝七時。幸之助はすぐに来るようにと、電話で責任者を自宅に呼んだ。

責任者が訪れると幸之助は、まだ蒲団《ふとん》の中にいた。その枕元にはあかあかと豆電球をつけた乾電池がずらりと並べられていた。

「これを見てみい。これはきのうきみのところから持ち帰った不良の乾電池やで。きみは、アンペアが低いからあかんと言うとったが、みな直るで」

「社長、どんなにして直されたんですか」

「きみな、物というもんは、じっとこう前に置いて一時間ほどにらめっこしておったら、どんなにしてくれ、こんなにしてくれと言いよるものや。きのう、わしが帰って、飯を食べて風呂に入ってから、前に電池を並べてじっとにらめっこしてたら、〝炊いてくれ、炊いてくれ〟〝温めてくれ、温めてくれ〟と言うのや。それでコンロで湯沸かしてな、温めたんや」

見ると、確かに、横にコンロと手鍋が置かれている。

「きみら屁理屈《へりくつ》ばかり言ってるけど、言うだけやなしに実際にやらないかんのやで。自分の一所懸命につくったものを抱いて寝るくらいの情熱を持って見とったら、それは、必ず何かを訴えよる。わしみたいに電池の理屈をよく知らんもんでも、解決方法が見出《みいだ》せる。きみは何年乾電池をつくってるんや」

「十四、五年でしょうか」

「それだけつくっておって、まだわからんのか。だいたい、電池をつくっておったら、不良が出るもんやと頭から決めてかかってるのやないか。ほんまはな、不良が出るほうがおかしいのや。だから不良が出たらどうするか、どこに誤りがあったのか、よう考えなあかんのや」

責任者は工場に帰ると、すぐ乾電池の製造工程の見直しに取り組んだ。このことがきっかけとなって、ぐっと不良を少なくすることができたのである。

＊多くの創業経営者が持つ常識を超えた集中力、ほんとうに商品から語りかけてもらえるような情熱、距離感で事にあたると、思いがけないアイデアに行きあたる。セレンディピティ（偶然の幸運を生む能力）はしばしば多くの名経営者が体験している。

Ⅱ - 8

# それでも松下の人間か

幸之助が、トヨタ自動車から講演を依頼された。当日は、名古屋の特機営業所所長が名古屋駅まで車で出迎えた。トヨタ自動車の本社までの車中で幸之助は、沿道の建設中の建物について、「あれは何が建つのか。施主はどこで、建築設計はどこか。うちの電設資材はどれくらい納めさせてもらっているのか」と、いちいち所長に尋ねた。

「ここは何や」

「ここはＭ地所さんの土地で、五階建てのビルを建てることになっています。向こうにはＭ電機さんがありますから、うちの製品の入る余地はないんです」

「きみな、Ｍ電機さんはバッテリーやってへんで。お願いに行ったか」

また別のビルの前では、

「あそこは今折衝中ですが、ちょっと難航しています」

「どこの銀行が入っているのや」

「Ｓ銀行さんです」

「そうか。また本社からもお願いしとくわ」

といった調子であった。

さらに車が進むと、広々とした畑の中に、「テレビはナショナル」と書いた広告塔が立っていた。

「きみ、あの看板はだいぶ剝《は》げているが、あれでは金を払って公害をまき散らしているようなもんや。なんで直さんのや」

「いや、あれは本社の宣伝部の管轄ですので……」

「きみはトヨタさんへ週二回も訪問しているのなら、往復四回も見ていることになる。なのに、なんで汚れに気がつかんのや。気がついとったら、なんでそれを担当の人に言うて直させんのや。きみはそれでも松下の人間か」

＊幸之助が恐れていたのは組織の官僚化で、大きくなればなるほど連携は悪くなる。「打てば響く」というのが幸之助が望む理想の組織であった。

## II-9

# 血の出る首をくれ！

攪拌《かくはん》式や噴流式が開発され、電気洗濯機がようやく家庭に普及しようとしていたころ、松下電器はこの分野で他社に後れをとっていた。台所革命、家庭電化の、いわば尖兵《せんぺい》を務める洗濯機で立ち後れるということは、社の将来を左右する大きな問題であった。

そこで、幸之助は製造、販売の責任者を集めて会議を開いた。

営業の責任者たちからは、製造側に対して、もはや営業側の努力のみではいかんともしがたいところまで来ている、もっとよい製品をつくるようにとの強い要望が出た。

じっと聞いていた幸之助は、おもむろに口を開いた。

「営業のほうは製品を批判するばかりではなく、自分たちの責任も自覚しなければいかん。けれど、他のメーカーの製品とそれだけの差があるのでは、第一線で売れといっても売れんな」

そして、製造責任者に対して非常に厳しい叱責をした。

「他メーカーに劣るような洗濯機をつくっとったのでは、後れをとるのは当然や。将来のことを考えても大問題やと思う。なぜ、そんなものができたのか。きみ自身がほんとうに命をかけて洗濯機というものをつくっていないのとちがうか！」

「まことに申しわけありません。しかし、あと三カ月だけ待ってください。三カ月のうちに必ず営業や社長の期待にそうような洗濯機をつくってみせます」

製造の責任者がその意気ごみのほどを見せたので、これで会議が終わるとその場にいた全員が思った。しかし、幸之助は、厳しい調子でさらに続けた。

「わかった。三カ月待とう。三カ月待つけど、三カ月たってすぐれた製品ができなかった場合は、きみ、どうするか。そのときはきみの首をもらうがいいか。その血の出る首だよ！　きみ！　首をくれるな！」

そう言って、手をぬっと差し出したのである。

＊時代性が出ているエピソードで、「血の出る首」という表現は今風ではない。しかしながら、商売は真剣勝負であり、強い責任感と意欲、実行力なくしては乗り切れないと言えよう。

Ⅱ - 10

# お客さんに申しわけない

「きみ、これ何や」

工場入口の受入検査台の上に積んであった電気アイロンのベースを見て、幸之助は資材係に尋ねた。

「メッキがあまりよくないのですが、返品するとあしたの仕事が止まるので、どうするかを主任さんに相談しようと思って、置いてあるのです」

「きみ、それはいかんよ。いくらあしたの仕事に差し支えても、もし品質のよくない製品を売るようなことをしたら、お客さんに申しわけないやないか。それはもう主任に相談するまでもなくすぐ返品しなさい！　きみが受入検査の責任をもたされているんやから、きみが不良品やと思ったら、たとえ主任がよいと言っても、工場長が何と言おうと、断じて返品するぐらいの信念を持って仕事をしてくれたまえ」

## Ⅱ-11

# 変えていいことと、いけないこと

昭和四十年代の初め、毎年発行部数を伸ばしてきたＰＨＰ研究所の月刊誌『ＰＨＰ』が一〇〇万部を超えて、その伸びがいくぶん鈍ってきたときのことである。編集がマンネリになったからではないかと考えた編集長が、誌面の刷新を思い立ち、表紙から編集後記に至るまで、企画、レイアウトをすべて一新した。刷り上がったものはなかなかのできばえで、編集長は満足していた。ところが、新しい冊子を手にした幸之助の第一声は、「今月の『ＰＨＰ』誌はなんだ！」というものであった。

内心不満を感じながら、「編集がマンネリぎみなので、それを打ち破るために変えました」と答えた編集長に、幸之助は言った。

「ものには変えていいことと、変えてはいかんことがある。南無阿弥陀仏というお念仏、あれ何百年もくり返していて、もうマンネリや言うて変えてるか」

常によりよいものをつくろうとすることは大切だが、それにとらわれて、変えんがために変えるのでは本末転倒ではないか、何のための『ＰＨＰ』誌かということを常に忘れてはいけない、という戒《いまし》めであった。

※ＰＨＰとは、Peace and Happiness through Prosperity の頭文字をとったもので、「繁栄によって平和と幸福をもたらそう」という運動。幸之助は昭和二十一（一九四六）年十一月、ＰＨＰ研究所を設立し、運動を開始した。

# 魚屋で勉強してこい

戦前の話である。幸之助がある幹部に言った。

「きみなあ、あしたから会社へ来なくていいから、魚屋へ二、三カ月、丁稚奉公《でっちぼうこう》に行ってくれ」

幹部は、幸之助が何か考えているのだろうと思って尋ねた。

「魚屋というのは魚河岸《うおがし》のことですか」

「いやいや、会社の近くの門真にも魚屋はいっぱいあるやないか。そのどこの店でもええから、行って勉強してこい」

真意を測りかねている幹部に、幸之助はこう続けた。

「今きみは、製品の在庫をだいぶ抱えとるそうやな。魚屋だったら、きょう仕入れたものは、きょう売ってしまわんと、あしたになったら値打ちが半分になる。そやからきょう売れるという見通しをちゃんと立てて仕入れとるぞ。その仕入れのコツを魚屋で勉強してきたらいい」

＊こうした独立自営業へのリスペクトは、夜鳴きうどん屋、そば屋、しるこ屋など、種々のパターンがある。

## Ⅱ - 13

# 泥田を行くよりまわり道

昭和二、三年ごろ、第五工場の建設にあたって幸之助は、兵役から帰ったばかりの二十三歳の青年を責任者に任命した。用地だけは確保してあったが、あとの工場の建設から機械の選択、設置まで、いっさいの業務を任せたのである。

思わぬ大役に張り切った青年は、工場に泊まり込み、朝暗いうちから起き出して仕事に熱中した。工場の設備も整い、試運転も上々で、作業は順調のように見えた。しかし、青年の仕事ぶりには、せっかくの抜擢《ばってき》になんとしてもこたえたいというあせりもあったのであろう、一所懸命さがカラまわりすることが多かった。

「今度の工場長は、無茶しよる」

「仕事がきつくて、とてもついていけん」

ついに、周囲の者が離反して、工場長に対する苦情を書きたてた直訴状《じきそ》が幸之助に差し出される事態になった。

この問題を幸之助は、工場長を他の工場に移すことで収めたが、彼はそれからしばらくして、異動した先の工場でも、工員たちの造反にあい、またまた幸之助は直接に問題解決に乗り出さねばならなかった。

それからほどなくして、幸之助は彼を兵庫県西宮の自宅に呼んだ。幸之助の家は田園地帯の中に建っていた。その田んぼの見える窓際に立って、幸之助は尋ねた。

「きみは今、ここへ来るのにどの道を通ってきた?」

風邪をこじらせてふせっていた幸之助は、たまたまそのとき田んぼのあぜ道を迂回《うかい》しつつやってくる青年の姿を見ていたらしい。彼は来たとおりの道順を説明した。

「そうやろ、それがほんとうの道というもんや」

「………」

「なあきみ、わしは、きみの仕事を見ていると、どうもあの泥田《どろた》の中をまっすぐに突き抜けてくるような気がするんや。それでは足も汚れるし着物も汚れる。靴もいたむし歩きにくい。せっかく田んぼのまわりには、ちゃんとあぜ道があるんやから、そこを通ったほうが少しは遠まわりでも、結局は早道やし、楽なんとちがうか。きみの目的は、わしの家に来ることやが、その目的を達するのに、泥田の中を来るか、あぜ道を通って来るか。仕事も同じことだと思うが、どうかね、きみ」

幸之助の問いかけに、それまでとにかく仕事一途《いちず》であったこの青年は、目からウロコの落ちる思いであったという。

## II - 14

# 命がけの物づくり

あるとき、製品検査本部の責任者が、幸之助に呼ばれた。

「近ごろ、ときどき不良が出ているようだが、きみのところではいったいどういう製品検査のやり方をしているのかね」

「はい、二年前まではできあがった新製品をいろいろとテストしておったのですが、不良の原因を分析してみますと、結局、設計や試作の段階に問題がある場合が多かったのです。そこでわれわれの審査を、製品ができあがってからするのではなく、もっと早い段階で実施して、不良が出ないように努めております。いわゆる川下の問題を、川上にまでさかのぼって審査をし、不良防止をはかっているのです」

しばらくじっと考えていた幸之助は、やがて口を開いた。

「きみ、そらあかんで。わしは、きみのところで、そういう設計とか量産試作品とかの審査をやるところに、不良が起こってくる原因があるんやないかと思う。

というのは、今は新製品の設計や試作品ができたら、みな製品検査本部へ持ってくるやろう。それをきみのところがオーケーしたら、これでいいということで、つぎに進む。その結果どうなっているかというと、製品検査本部が審査をさかのぼってすればするほど、みんなが製品検査本部という一つの機関に依存してしまっている。そこに安易に物が生産され、不良が出る元凶があるんや。だからきみのところでは、途中での審査はいっさいやめたまえ。新製品をつくっていよいよこれから発売するという時点で、きみのところが味見したらいい。この商品を出していいか悪いかということをきみが判断して、これは出したら具合が悪いと思ったらストップをかけたらいい」

「しかし、そうするとその段階では、もう材料も手配しています。金型もつくっています。生産体制も組んでいますし、発売予告もやっています。そういうときにストップをかけたら、会社は膨大な損害をこうむることになりますし、対外的にもご迷惑をおかけすることになります。ですから、お言葉を返すようですが、私どもはさらに一段と川上にさかのぼってやっていきたいと思うのです」

「いかん、いかん。きみのその考え方が不良を生んどるんや。きみのところでそういうことをやると、本来命がけで物をつくらなければならない事業部長が製品検査本部に依存することになる。それでは、いい物ができるはずがない。

確かに、きみのところでストップをかけたら、莫大な損になるかもしれん。しかし、事業部長が命がけで物をつくったら、そんなことは滅多に起こらんよ。また万一、ストップがかかって大きな損害が出たとしても、その事業部長は二度とそういう損害を起こすような愚《ぐ》は犯さないようになるよ」

## Ⅱ - 15

# 一人、自転車置き場で

電池式のナショナルランプが普及しつつあった昭和初期のことである。

幸之助が訪れるというので、四国のある代理店の主人が船の着く桟橋へ迎えに出た。改札口から見ていたが、タラップを下りてくる大勢の人の中では、小柄な幸之助をなかなか見つけられない。

ようやく見つけ出して合図を送ると、幸之助もそれにこたえた。ところがそれからいつまでたっても、幸之助は姿を現わさない。不審に思った店主は幸之助を探し始めた。

なんと、幸之助はもう日没が迫っているというのに一人、桟橋横の自転車置き場で、無灯火の自転車が何台、電池ランプつきが何台と、一所懸命にその数を調べていた。

## Ⅱ - 16

# 血の小便

系列の代理店、販売会社の社長懇談会が開かれたときのことである。

一人の社長が切々と訴えた。

「最近、商売が思わしくなく、儲からなくて困っています。何かいい方法がないものでしょうか」

その会社は、四十年にわたって、松下電器の代理店として実績を上げてきた会社であった。幸之助は尋ねた。

「あなたは、お父さんの店を引き継いで、すでに二十数年になりますな。現在では四、五〇人の社員を使っておられる。この不況の中で利益が上がらないというのも一面無理からぬことかと思います。しかし、あなたはこれまで、小便が赤くなるほど心配されたことがありますか」

「いいえ、私には、まだそういう経験はございません」

そこで幸之助は、こんな話をした。

「それはいけませんな。あなたのお店がうまくいっているのなら、なにも小便を赤くすることはありません。しかし、四十年も続いているお店が、あなたの代になって、非常にむずかしい事態に直面している。そんなときに、まだ小便が赤くなるほど心配もしないうちから、儲からないからなんとかならんかと訴えるのは、間違っているのではないですか。かりにも、四、五〇人の社員の将来というものを背負っている社長としては、決して十分尽くした態度とは言えないと思います。今日のようなむずかしい環境の中で小便が赤くなるほど心を労せずして、商売を発展させ、四、五〇人の人たちの安定をはかる道は、そうあるものではありません。

世の中はそれほど甘くはないと思います。ですから私はここで、製品を安くしましょうとか、メーカーとしてなんとかしましょうなどと言うことはできません。それこそ、あなたご自身が、まず、どうしたら利益を上げることができるか、小便が赤くなるまで真剣に考えていただきたい。そうすれば道は必ず見つかるはずです」

この真剣な幸之助の直言は、半年後、その社長からのこんな報告となって実を結んだ。

「松下さん、ほんとうにありがとうございました。あれから私は、会社に帰ってすぐ全社員を集め、松下さんからこういうことを言われた。だから自分はきょうから生まれ変わって仕事をするからみんなも協力してほしいと宣言して、毎日の仕事に打ち込みました。仕事がすんでから小売店を二、三軒ずつまわって商品の陳列を直したり、掃除を手伝ったりすることも日課に加えました。おかげで、社員も小売店の人たちも熱心に仕事を進めてくれるようになり、業績も好転してうまくいっています。安心してください」

＊「血の小便」とは時代性のある過激な表現だが、幸之助の言わんとするところは、商売は決して簡単ではないということ。トップが全身全霊で臨む姿勢が根本にあってこそ、活路は開けるのではないだろうか。

# II - 17

## とどめをさす

昭和二十年代後半、松下電器東京特販部は、生産販売を始めたばかりの電気冷蔵庫を、当時日本一と言われていたデパートに納入すべく懸命の努力を重ねていた。

当時、そのデパートの電気器具売り場では、電気冷蔵庫も舶来品嗜好《しこう》から外国製品が各種各様に雛壇《ひなだん》に並び、国産品は末席に展示されていた。

日本一のデパートの売り場に展示されることが、東京全域の販売店に対して、ナショナル冷蔵庫拡売の決め手になるともなれば、東京市場拡大のためにはそのデパートへの納入が焦眉《しょうび》の急であった。

努力の甲斐あってようやく話が決まり、納品が無事完了して、特販部が喜びに沸きたっていたときである。たまたま幸之助が上京、銀座にあった特販部に立ち寄った。責任者から改めて納入成功の報告を受けた幸之助は、「それはよかったな。ご苦労だった」と部員をねぎらったあと、こう続けた。

「しかし、物事はね、とどめをさすこと、これが絶対肝心なことやで。きみたちはとどめをさしたかね。さしとらん。実は、今私は、そのデパートに寄って、売り場を見てきたんやが、仕入部に納品したことで満足しとったらあかん。仕入部に納品できたかて、その商品を電化製品売り場の冷蔵庫コーナーの人目によくつくよい場所に展示してもらい、販売促進につながる姿にしなければ、ほんとうにそのデパートに納入したことにはならん。今のところはまだ肝心のとどめがさされておらん」

幸之助は上京するなり、東京の主要マーケットを歩き、そのあとで特販部に立ち寄っていたのである。

## Ⅱ-18

# 神さんのデザイン

昭和三十（一九五五）年ごろ、テレビの新製品を出すに先立って、役員会が開かれた。テレビ事業部の担当者が、五、六台のテレビを持ち込み、検討が始まった。みな新しいデザインの新製品である。重役の一人が、一台のテレビを見るなり言った。

「なんや、この仏壇みたいなデザイン！」

担当者にも言い分がある。

「テレビというのはブラウン管がありますから、それに制約されて、あとはつまみと若干の飾りだけで、どうしても同じようなデザインになってしまいます」

聞いていた幸之助が、ふいにこんなことを言いだした。

「地球の人口は今何人や」

「……」

「二五、六億人おるのとちがうか。それがみな違った顔をしてるわな。これだけの同じような大きさの中で、部品もみな同じやけど、顔はみんな違うで。神さんはうまいことデザインしはるな」

〝神さんのデザイン〟という言葉に、頭を殴られたようなショックと恥ずかしさを覚えて事業部に戻った担当者は、さっそく改めての検討を開始した。

## II-19

# 濃いリンゴジュース

ミキサーの商品試験に幸之助が立ち会ったときの話である。

担当者が、コップ一杯の水にリンゴ一個を使い、説明書どおりの分量でジュースをつくった。それを試飲したあと、幸之助は、みずから水量を半分にしてジュースをつくり始めた。

「社長、それは困ります。その水量での実験はやっておりませんし、説明書にも書いておりません。お客様にも説明書どおりでの使用をお願いしています」

「しかし、きみ、お客様は必ずしも説明書どおりではなく、いろんな方法でお使いになるものだ」

幸之助は、濃いジュースや薄いジュースをつくり、舌触りを確かめてから言った。

「これなら発売してもええな」

## II - 20

# 不要な書類を一気に廃止

昭和三十九（一九六四）年七月、熱海で行なわれた販売会社代理店社長懇談会（通称、熱海会談）のあと、幸之助は会長でありながら、営業本部長代行として第一線に復帰し、経営の改革にあたっていた。そんな朝、突然、「今、事業部や営業所から取っている報告書、あるいは本社から出している定期的な通達を全部持ってきてほしい」と指示した。

　書類は会議用の机の上に山積みにされた。しかし、一日、二日たっても幸之助は何も言わない。集めた書類を見る様子もない。

　三日目に経理課長が、「これを返していただかないと仕事にならないので困ります」と言ってきた。幸之助は、「そうか。持っていきなさい」と、見もしないで返した。それからさらに日を経るうち、何人かが書類を取りに来た。が、二十日たってもだれも来ない部署も多かった。

　二十日目の朝、幸之助は、「この書類はきょうかぎり廃止や」と言った。「二十日間も見ないですむ書類を、なんで集めたり出したりしているのか。もうやめや」

　幸之助は、委員会をつくって評定したりすることなく、実際に即したやり方で一気に事務の合理化をはかったのである。

# III

Ⅲ - 1

# 製品そのもので勝負せよ

昭和四十年代に松下電器の生産技術研究所が、部品自動挿入機械の「パナサート」を開発した。その十年後、これを他のメーカーに売るかどうかが役員会でとりあげられた。独自に開発した生産機械を、競争メーカーに売る必要があるかどうかということである。

そのとき、幸之助はつぎのように言った。

「生産機械は確かに大切だが、松下はあくまでもできあがった製品そのもので勝負すべきだ。それにこの機械をよそのメーカーさんにも使ってもらい、いろいろと批判していただければ、もっといいものができるだろう」

結局、外部へ売ってもよいという結論になり、パナサートは他のメーカーでも使われるようになった。

当時、競争メーカーに松下製の部品を売ることにひっかかりを感じていた営業社員たちも、この言葉を伝え聞いて胸のつかえのとれる思いがし、営業に打ち込むことができるようになったという。

## Ⅲ-2

# いくら薄いラジオでも

ラジオがどんどん小型になり、その競争が激しく展開されていたころの話である。ラジオ事業部の事業部長と技術責任者が、開発中の超薄型ラジオを持って幸之助を訪ねた。ラジオの大きさは名刺の二倍くらいであったが、厚みが一センチもなかった。

幸之助は、それを手に取り、「これはいいな。これだったら一〇〇万台以上売れるな」と言いながら、スイッチを入れた。音楽が鳴りだしたが、音があまりよくなかった。

「きみ、音がよくないな」

「はい、なにぶんスピーカーを薄くしなければなりませんから。これはしかたがないんです」

幸之助の顔色が変わった。

「あのな、ラジオというものはな、音を聴くもんや。スピーカーを薄くしたのは松下電器やが、そのために音が割れたり、悪くなるというのはお客さんに関係ないことや。基本の性能を落としたらなんにもならん。われわれが大事なのは、どこまでも、ラジオを楽しみたい人に満足を与えることなんや」

Ⅲ-3

# 工場経営の基本

まだ戦後の混乱のさなかにあった昭和二十二（一九四七）年暮れのことである。たまたまその年は十二月二十五日の大正天皇祭をはさんで年末まで、飛び石で休日が続いていた。そこでいくつかの製造所から、「これでは能率も悪いし、食糧難で買い出しも必要だから、正月休みを含めて一週間まとめて休みにさせてもらいたい」という要望が出た。

実施案を書類にまとめ、人事部長を兼務していた幸之助のところへ持っていった人事課長を待ち受けていたのは、厳しい叱責であった。

「そもそも工場というものはどのように経営せねばならんかがわかっておらん。いったいこの案はだれが考えたのか」

まさか他人の案とも言えず、課長は答えた。

「はい、私が考えました」

「きみは何もわかっとらん。そういうことで人事をやっているとは大問題だ。このことは、製造所の支配人にも聞いてみたのか」

「はい、二、三の方のご意見を伺いました」

「すぐに支配人を集めよ」

集まった支配人に幸之助の叱責は続いた。

「きみたちの中でだれがこれに賛成したのか。お得意先の皆さんは、年末も年始もなしにわれわれのつくったものを売ってくださっている。また、一週間という長いあいだ工場を無人にして、いざというときにどうやって対応するつもりか」

当時は治安も悪く、宿直や保安係の人が危害をこうむる事件も頻発していた。

「われわれが命をかけて守らなければならない、命の源である工場を無人にするということは、経営の根幹が全然わかっておらんということや」

お説教は、延々二時間ほども続いた。

## III - 4

# 時は金なり

昭和二十年代の中ごろ、ナショナルラジオの音質について、芳しくない評判があったときのことである。東京に社用で赴いた幸之助は、代理店の人たちから、〝松下のラジオは、どうも鼻づまりだ〟という不満を聞かされた。さっそく幸之助は、大阪の本社にいるラジオの販売責任者に電話をかけ、命じた。

「あした、朝十時に帰るから、それまでに他のメーカーのものも含めて、ラジオの試聴ができるように準備しといてくれ」

翌日、幸之助は十時きっかりに到着した。しかし、準備はまだ整っていなかった。担当者がいささかならずうろたえぎみに準備を急ぐ中、十分経過、二十分経過……。ようやく準備が完了したとき、幸之助が穏やかな口調で口にした言葉はつぎのようなものであった。

「きみ、きみはわしを三十分間待たしたな。わしはだいたい一時間に何十万円かは儲けんといかん立場におるんや。したがってきみは、わしにその半分を出さんといかんで」

## Ⅲ-5

# 実際にやってみたんか

昭和四十五（一九七〇）年三月、大阪で万国博覧会が開催されたときのこと。松下館は天平《てんぴょう》の面影を伝える優美な建物で、池の中に浮かぶように立ち、来館者は水上の長いアプローチを通って中に入るようになっていた。開館も間近に迫ったある日、幸之助は館長を呼んで尋ねた。

「きみ、人の出入りの混雑にどのように対応するんや」

「これだけの人数でこのように対応しようと思っています」

「そうか。それならやれるやろうな。けど、実際にやってみたんか」

「いいえ、やってはいませんが……」

「やらんかったら危険なところがあるかどうかがわからんやないか」

急遽《きゅうきょ》、終業後にバスを手配し、何百人かの松下電器の従業員が集められた。そして、万博協会の許可を得て、幸之助立ち会いのもと、実際と同じように三回練習が行なわれた。開館数日前のことである。

## Ⅲ-6

# 経営者の孤独

戦後まもなくの話である。松下電器には個性の強い社員が多かったが、その中に仕事はできるが、非常に気性が激しく、喧嘩《けんか》早い者がいた。

ある日、いつもの喧嘩相手の一人と仕事のことで大喧嘩をしたその社員は、自分のむしゃくしゃする気持ちを幸之助に訴えたい心境になって矢も盾もたまらなくなり、かなり夜遅くであったにもかかわらず、幸之助の所在を尋ね求めた。

幸之助は滋賀県大津の旅館に一人で泊まっていた。何の前ぶれもなく、いきなりそこへ押しかけた社員は、とにかく聞いてくれと、胸にたまっていたうっぷん、不満をあらいざらいぶちまけた。話しているうちにポロポロ泣けてきて、涙ながらに訴えた。

幸之助はその間、ひと言も口をはさまずにじっと聞いていたが、最後にぽつんと言った。

「きみは幸せやなあ。それだけ面白うないことがあっても、こうやって愚痴をこぼす相手があるんやからな。ぼくにはだれもそんな人おらへん。きみは幸せやで」

## Ⅲ-7

# 自分の遅刻に減給処分

第二次世界大戦直後の昭和二十一（一九四六）年のことである。

この年の年頭、幸之助は、〝この困難な時期を乗り切るために、今年は絶対遅刻はしないぞ〟という決心をした。ところが、一月四日、兵庫県西宮《にしのみや》の自宅から、電車で大阪に出たところ、迎えに来ているはずの会社の車が来ていない。待っても待っても来ないので、とうとうあきらめて電車に乗ろうとしたとき、ようやく車がやってきた。完全に遅刻である。聞いてみると原因は事故ではなく、運転手の不注意であった。

幸之助は、その運転手はもちろん、その上司、そしてまたその上司と、多少とも責任のある八人を減給処分にした。もちろん、いちばんの責任者である幸之助自身も、一カ月分の給料を返上した。

世の中が混乱し、お互いに責任を果たそうという意識もおのずと薄れがちだった当時の風潮の中で、幸之助のこの厳しい処分は、社員の心を引き締め、混乱の時代を乗り越える原動力となった。

Ⅲ-8

# 自分ばかりしゃべりはった

昭和三十六（一九六一）年秋、幸之助が九州のある取引先の工場を訪れたときのこと。三十分ほど工場を見学し、そのあと社長、工場長と十分間ほど歓談した。

帰りの車中で幸之助は、随行していた九州松下電器の幹部に言った。

「きみ、あそこの会社、経営はあまりうまくいっていないな」

「どうしておわかりですか」

「工場を一見したら、まあ、だいたいわかるわ。それと、さっきのあの社長さん、あの人より経験の深いはずのわしがせっかく行っているのに、わしから何か引き出そう、何かを聞き出そうという態度にちょっと欠けとった。自分ばかりしゃべりはったな」

## Ⅲ-9

# 私心で始めたのではありません

昭和二十七（一九五二）年、松下電器がオランダのフィリップス社と合弁で設立した松下電子工業は、設立後何年間か、きわめて苦しい状況が続いた。そのころ開かれた新聞記者会見の席上でのことである。

「あなたは通産省や銀行、社内でも必ずしも賛成でなかったオランダのフィリップスと技術提携をし、たくさんの資本を投下して立派な工場をおつくりになった。けれども、経営成績はどうですか。聞くところによると、もうひとつ成果が上がっていないようですが……」

「ええ、そのとおりです。不景気ということもあったのですが、もうひとつ成績があがっておりません」

「将来はどうですか。あなたの技術提携は失敗ですか」

「いや、決してそうは思いません。私も何回も失敗ではないかと思って反省してみました。しかし必ず成功する。そう信じています。というのは、そもそも私がオランダのフィリップスと技術提携をしたのは、松下電器の発展のためでも松下幸之助という名前を世間に広めるためでもない。日本のエレクトロニクス工業を早く世界の水準に持っていきたい、という一念からのことです。決して私心でしたのではありません。ですから私は、必ず成功すると思うし、必ず成功させねばならんのです」

記者は沈黙した。

## Ⅲ-10

# 〝本読み〟になったらあかん

昭和五十三（一九七八）年一月、松下電器の幹部を対象に行なわれていたPHP研究所の経営ゼミナールに、幸之助がひょっこり顔を出した。ゼミナールは創業者である幸之助の経営理念と実践事例から、日々の仕事、経営の糧《かて》を得ようというものである。

幸之助は受講者を前に、つぎのように語った。

「この研修で示されるのは、ぼくはこのときこういうようにやったという一つの考え方、精神やな。けど、今は時代も変わっているから、そのまま通用するかどうかわからん。だから、その精神を今の時代なり、現在の商売の状況に合わせて、自分で考えないかんな。そやないと〝本読み〟になってしまう。それでは具合が悪い。

セミナーを受けて、〝なるほど感ずるところがある〟と思ったならば、その感ずるところに自分の個性なり持ち味というものを生かしていく。その生かし方がまずいと、力があってもあかんわけや。だから自分というものの特色を、自分でつかまないかんな。

まあ、ぼくがやってきたのは、よそで聞いたこともあるけど、大部分は自分の独創的な考えでやったわけやな。けど、まったく独創かというとそうやない。やはり小さいときからの奉公でいろいろ教えてもらったりしたことが頭に残っていて、そういうものがひらめいて自分を生かしてるわけや。商売でもみんな行き方が違う。それでそれぞれに成功している。だからこういう行き方でないとあかんということはないわけや。やはり自分というものを発見せんとね」

＊この日、幸之助は受講者一人ひとりと握手をして会場を去った。当時の主宰者によると、廊下に出た幸之助は、「わし、また来たいなあ」と言ったという。主宰者が、「大歓迎です。受講者は皆さん、所長（幸之助）に会いたい人たちばかりですから」と応じると、幸之助は、こう答えた。「違うがな。わしはそっちへ座って話を聞きたいんや」。主宰者は、幸之助の謙虚に学び続ける姿勢に胸を打たれたと語っている。

## Ⅲ - 11

# 大将というものは……

幸之助には、いわゆる相談役ともいうべき人物がいた。真言宗の僧侶で、大正の終わり、幸之助が三十歳のころに、ふとしたことから知りあった。後年は、松下電器の中に小さな家を建て、そこで昭和二十八（一九五三）年に八十四歳で亡くなるまで十五、六年間、松下電器の発展と幸之助の健康を祈って、毎日欠かさず朝夕二時間勤行《ごんぎょう》をしたという人物である。

一部の同業者が、過当競争をしかけてきたことがあった。幸之助がまだ若く血気盛んなころである。向こうがその気なら、ひとつ徹底的にどちらかが倒れるまでやり抜いてやろうという気持ちになって、幸之助がそのことを打ち明けると、その人は即座に答えた。

「私は反対です」

「なぜですか」

「松下さん、これがあなたお一人の商売なら大いにおやりなさい。しかし、今あなたの下には何千という人がいて、働いている。そのことを考えないといけません。

つまり、あなたは一軍の大将だ。その大将が個人的な怒りを持って仕事をするのは許されません。〝向こうがやるのなら、こっちもやってやる〟というのは、なるほど勇ましくてよいが、それは〝匹夫《ひっぷ》の勇〟というものです。あなたは溜飲《りゅういん》が下がるかもしれないが、それでは何千人という人が困るではないか。大将というものは、そんなことをするものではありません」

幸之助は、どちらかといえば神経質で感情の強いほうであった。何かあるとカーッとすることもあったが、こうした大将としての心構えを聞いてからは、常に全体的にものを考えねばならないと、みずからを戒めるようになった、とのちに語っている。

## Ⅲ-12

# 真実の声

昭和三十年代の初め、松下電器有力連盟店の感謝大会が東京の日比谷公会堂で催された。

東京および近郊の各地区から約二〇〇〇名が集まり、会場は一、二階とも満席。内輪の感謝会であり、弁当も出て、お祭りのような雰囲気で一段落した。そして幸之助が感謝の挨拶を述べようと壇上に上がったときである。

ある地区の代表者が、「今日の業界の混乱している実態を松下社長に訴えたい」という緊急動議を提出した。同時に、二階前列の数人が立ち上がっていっせいにハチマキをし、一〇本ほどの垂れ幕を一気に下ろした。松下電器の関係者にはいっさい知らされず、極秘に計画された行動であった。

正面の壇上にいる幸之助に向かって、一人ひとりが、「現状はこのように混乱している。これを収拾解決するのは松下電器、松下幸之助さん以外にはない。立ち上がって業界の安定と粛正をやってほしい」と口々に発言した。

予測もしなかった事態に立ち往生する司会者。しかし、幸之助は壇上でひと言も聞きもらすまいとするかのように、発言にジーッと耳を傾けている。そして、

「これは松下電器だけの問題ではない。将来大きな発展をしなくてはならないこの電機業界が、今日こういうような状態で大混乱しているということは業界全体の問題であり、各メーカーの責任である。そしてメーカーの一員である松下電器の責任でもある。ですから

必ず皆さんのご期待にそうように最善の努力をしましょう」

と約束した。

感謝会の終了後、担当責任者は幸之助のもとを訪ねて詫びた。

「まことに不祥事で、まったく私の不徳のいたすところです。申しわけございませんでした」

幸之助はこう応じた。

「きみ、方々で連盟店の感謝会をやってきたけど、きょうは近来になくほんとうに中身のある会やった。きょうはよかったで。真実の声をほんとうに聞くことができた」

## Ⅲ - 13

# あす打つ手をどうするか

コーヒーが好きだった幸之助は、ある日秘書に、「コーヒーをつくってくれるか。うちでコーヒーをつくる器具があったな。あれ持ってきてくれや」と頼んだ。

秘書が持ってくると、「これ占有率はいくらや」と尋ねた。

当時、外資系のF社が四三パーセント、M社が二〇パーセントを占め、松下電器の占有率は七パーセントに落ちていた。

「はい、かなり低くて、今七パーセントです」

「えらい少ないやないか。これは松下電器のいわばお家芸の商品や。それが七パーセントやそこらじゃあかんな。やはり一番にならないといかん。各メーカーの商品をいっぺん全部持ってこさせてくれ」

持ってこさせた商品を幸之助は、本社の特別会議室に並べさせた。そして、経営幹部の勉強会といえる経営研究会に出席した幹部たちに見せたのである。

「外資系の会社が六三パーセントも占めているということは、単に松下電器一社の問題ではない。日本の問題ではないか」とはっぱをかけられた責任者は、「CM一〇〇（コーヒーメーカーを一〇〇万台売ろう）作戦」を開始した。「キャリオカ」という新味のある商品を開発し、宣伝を工夫した。そうした社員のなみなみならぬ努力の結果、松下電器の占有率が一位になったのである。

後日、経営研究会の席で、幸之助は一位になったことにふれ、このように言っている。

「きょう天下を取っていても、あすはパッと変わるような時代である。だから喫茶店でコーヒーを飲んでいるあいだにも、あす打つ手をどうするか考えるようでないと経営者とは言えない。多くの人の声を聞いて、〝ああそうか〞では時すでに遅い。シェアが下がっていることまで指摘するというのは、相談役の仕事とは違う」

## Ⅲ-14

# ラジオの特許を無償で公開

昭和初期のことである。〝特許魔〞といわれる発明家がいて、アメリカの特許を先に読み取っては日本で登録し、それを売るというようなことをしていた。ラジオの重要部分の特許権もその人が所有し、高周波回路で多極管を使用するラジオは、すべてこの特許に抵触するため、各メーカーはラジオの設計に大きな支障を受け、業界の発展がはなはだしく阻害されていた。松下電器も昭和六（一九三一）年にラジオを開発し、七年になって、いよいよこれから大いに生産販売しようとしたときに、この特許に抵触した。

事態を憂慮し、わが国ラジオ業界発展のために実に遺憾であると考えた幸之助は、ついに意を決してその発明家のところへ出かけ、「特許を売ってほしい」と申し出た。

発明家は三十歳代半ばくらい、少し傲慢《ごうまん》な感じの人であった。その態度に怒りを覚えつつも、幸之助は、売る気のまったくないその発明家と我慢強く交渉し、結局二万五〇〇〇円という大金で買い取った。それは当時の松下電器の規模からすれば、法外な金額であった。

特許を買い取った翌日、幸之助は、それを無償公開する旨を新聞で発表した。〝こういうものは業界みんなで使うべきもの。業界の発展のために使われるべきだ〟という考えからの行為であった。

この特許の公開は、業界にたいへんな驚きと賞賛をもって迎えられた。〝業界始まって以来の大ホームランである〟と、業界各紙で、壮挙、美挙として賞賛の言葉が与えられた他、ラジオ業界全体の発展に大きな貢献をしたとして、各方面から感謝状や牌《はい》が贈られた。

## Ⅲ - 15

# 心を売ってはならん

戦後、松下電器が日本一の〝物品税滞納王〟と呼ばれていたころ、松下きっての赤字工場は真空管工場であった。当時、商工省が厳しい品質統制をしていて、役人が検査に来ては、「これは合格」「これは二級品」と、はんこを押して帰るという時世であった。二級品といえども使えないわけではないが、その二級品がこの工場には三万本ぐらいたまっていた。

そんなとき、工場長を訪ねて、秋葉原の商人がその二級品をクズとして買いたいと言ってきた。三万本を一〇〇万円で買うというのである。工場長はこれ幸いと売り払った。

ところが、それからしばらくすると、松下によく似たマークがついたその真空管が、あちらこちらに出だしたのである。

ある日のこと、工場長は幸之助に呼ばれた。

「きみは真空管を横流ししたのか」

「横流しはいたしておりません」

「これはきみがつくったもんやないか。見ればわかるやろ」

「はい、確かに私の工場でつくったものであります」

「これが秋葉原でニセのマークがついて出ている。しかし、きみは横流しはしていないと言う。いったいどういうわけだ！」

「横流しはいたしておりません。クズとして売りました」

「何本売って、いくらになった」

「三万本で、一〇〇万円になりました」

「なぜそれを売った」

「毎月毎月給料をちゃんと払えません。病人がいる社員に加算した給料も払えません。材料も買えません。苦しくて一銭の金でも回収したいと思って売りました」

それを聞いて、幸之助は言った。

「確かに真空管の工場は赤字だ。数年赤字が続いている。しかし、真空管というのは、いわゆるエレクトロニクスの基礎産業である。今は残念ながらわが社は他社から真空管を買ってラジオをつくっている状態だ。だからほんとうの戦略が出せない。しかし、なんとしてでも真空管を成功させたいと思うがゆえに、赤字だからといって、きみに対してこれまで文句を言ったことはないじゃないか。きみは、たかが一〇〇万円のために、松下の事業精神を冒瀆《ぼうとく》したことになる」

しばらく、工場長の目を見つめていた幸之助は、静かにつけ加えた。

「きみ、事業というものは、そういうものやないぞ。いかに金が苦しくても、心を売ってはならん。事業というものは、一銭の金も惜しんで経営すべきものである。しかし、時と場合によっては、一〇〇万円の金を惜しんではならんことがあるのだ。そこのところの理屈がわからんようでは、きみは経営者になれん。立派な仕事はできんぞ」

## Ⅲ - 16

# 初めての東京出張

商売を始めてまもないころ、幸之助は当時つくっていた二灯用差し込みプラグを東京でも売りたいと考えた。

そこで、それまで一度も行ったことのない東京へ出かけ、地図を片手に一日中問屋をめぐり歩いた。

初めて訪問する問屋で、大阪から持ってきた商品を見てもらう。

「いかがでしょうか。売っていただきたいのですが」

問屋は商品を手にし、それをためつすがめつじっくりと調べてから、幸之助の顔を見て言った。

「きみ、これはいくらで売るのかね」

「原価が二〇銭かかっていますので、二五銭で買っていただきたいのです」

「二五銭か。それなら別に高くはない。高くはないけれども、きみは東京で初めて売り出すのだろう。そうであれば、やはり少しは勉強しなければならないよ。二三銭にしたまえ」

こう言われて幸之助は、〝東京での販路をぜひ開拓したいし、初めて東京に売りに来たことでもある。だから、この要望にこたえよう〟と思った。しかしつぎの瞬間、そうさせないものが心に働いて、こう答えていた。

「原価は二〇銭ですから、二三銭にできないことはありません。しかし、ご主人、この商品は私を含めて従業員がほんとうに朝から晩まで熱心に働いてつくったものです。原価も決して高くついていません。むしろ世間一般に比べれば相当安いはずです。ですから、二五銭という価格も決して高くはない、むしろ安いと思うのです。

もちろん、ご主人が見られて、この商品は値段が高いから売れないだろうと考えられるのであれば、それはしかたがありません。しかし、そうではなくて、これで売れると思われるのであれば、どうかこの値段でお買いあげください」

じっと聞いていた問屋の主人は、

「よしわかった、きみがそこまで考えているのなら、二五銭で買うことにしよう。もちろんこの値段は高くはない。これで十分売れると思う」

と言って、持っていった商品を値引きなしの言い値で買ってくれた。

## Ⅲ-17

# きみはどの道を歩いてきた

昭和三十三（一九五八）年ごろのことである。経営状況の報告のために本社に呼ばれた扇風機事業部長は、幸之助に、

「先月の決算はどうか」

と聞かれ、胸を張って答えた。

「赤字です」

当時、扇風機は夏物季節商品の中心で、生産は年中行なっているが、出荷は三月ごろの年一回で、売上げの最盛期は六月から七月であった。したがって、出荷も売上げもない月は赤字で当然と考えていたのであった。

しかし、その言葉を聞いた幸之助の目が光った。

「きみ、赤字とはたいへんなことやな」

事業部長を真正面から見据えて、幸之助は言った。

「きみはここに来るまで、どの道を歩いてきた。小さくなって、すみのすみを歩いてきただろうな」

道は税金でつくられた公道である。赤字を出している事業部長は、道を通るにも通り方がある、身を縮めて通れというわけである。

「赤字についての感覚を、このときほど深めたことはありませんでした。扇風機という季節商品だけでは事業は成り立たない、年中売れる商品を考えなければならないという課題を与えられたのだと、私はそのとき考えました」

それからまもなく、事業部長は、年中商品として換気扇の開発に着手した。

＊著書『企業の社会的責任とは何か？』（一九七四年刊）において、幸之助は「企業は社会の公器」であり、企業は利益を上げて納税することが重要な義務だと訴えている。

Ⅲ - 18

# 安く買ってはいけない

松下電器がソケットはつくっていたが、まだその材料であるベークライトをつくっていなかったころのことである。松下電器としては、ベークライト工場がほしいと常々考えていた。そんなあるとき、そのどちらもつくっている電器会社がゆきづまり、その経営を引き受けてくれないかという話が、当の電器会社から松下電器に持ち込まれた。

松下電器としては好都合であった。かねがねほしいと思っていたベークライト工場が、向こうから飛び込んできたのである。さっそく買収することを決定し、具体的な交渉に入った。

そのときに幸之助が指示したことは、「安く買ってはいけない」ということだった。

相手は倒産しかかっており、弱い立場にある。相当安く買いたたいたとしても、相手も世間も納得するであろう。

しかし、幸之助はこう考えた。

〝松下電器がベークライト工場をつくるのであれば、みずからその研究をし、開発をしなければならない。そうなると、多くの資金が必要になる。ところが幸いにして、ベークライト工場を買収してほしいという話が持ち込まれた。その工場は松下電器が必要とする、いわば値打ちのあるものだ。その値打ちで買おう〟

その考えのとおり、幸之助はその工場を値切ることをせず、相場で買った。

Ⅲ-19

## ネコとネズミ

戦後の復興に取り組んでいたころ、松下電器が月産五〇万本の真空管の製造に成功し、当時、真空管メーカーではトップであったT社の四五万本を五万本上回って日本一となったことがあった。その祝杯をあげているところへ、幸之助がやってきた。担当責任者が呼ばれ、行ってみると、

「ずいぶんたくさん真空管をつくったそうやな」

「はい、五〇万本つくりました」

「そうか。それはうまいことやってくれたな」

責任者はてっきりほめられていると思った。

「五〇万本というたら、T社より多いのとちがうか」

「はい、五万本多いです」

「それはご苦労やった」

が、だんだん雲行きがあやしくなってきた。

「きみは楠木正成《くすのきまさしげ》という人を知っておるか」

「知っております」

「あの人は戦《いくさ》が上手やったな。あの人の戦の仕方知っておるか」

口調が穏やかなので、ほめられていると思い込んでいたが、どうもそうではないらしい。

何か言い聞かそうとしている。そう感じた責任者は、

「先ほどからほめていただいていると思って喜んでいましたが、何かご注意を受けている
ように思いますので、率直にひとつ聞かせてください」

「そうか。わからんのやったら、はっきり言おう。きみね、T社は真空管をいつからつく

っておるのや」

「私が生まれたときからつくっておりますから、もう三十四、五年になると思います」

「T社の真空管の歴史は三十五年か。わが松下の真空管の歴史は何年や」

「戦争中からやっておりましたけれども、本格的に始めたのは私が来てからですから、まあ四、五年です」

「T社は三十五年の歴史を持っている。わが社は四、五年だ。だとすれば、T社の生産力、技術力と、松下の生産力、技術力とどちらが上や」

「それはもう言うまでもありません」

「そやろ、きみ、早い話がT社がネコだとすれば、松下はネズミやな。しかし、きみは今、T社を追い抜いたと得意になって喜んでいる。これは、弱いはずのネズミが、ネコの頭をコツンと叩《たた》いているのと同じやで。だからさっきから楠木正成の話をしておるんや。楠木正成という人は名将や。敵と戦うときには、相手の逃げるところをこさえておいて戦をした。ちょっとこちらが優勢になったら、相手は逃げ道があるから、みなダーッと逃げる。そういう戦の仕方を言うておるんや」

しかし、責任者はまだよくわからない。怪訝《けげん》な顔をしていると、幸之助はさらに言った。

「考えてもみ。きみ自身が言うておるように、T社が三十五年でうちは五年ということは、T社のほうがはるかに力が強いということや。だからきみのやっていることは、世間の常識に反しておるんやで。ネズミというやつは、ネコには勝てん。そのネズミであるきみが、ネコであるT社の頭を叩いておる。これはろくな結果が出んよ。T社は必ず手を打ってくるはずや。もし、きみに真の経営的考え方があるならば、T社がたとえば一〇〇万本の真空管をつくれば、うちは九九万九九九九本、一本差の二位に甘んじようとするだろう。そういう心の余裕を持たなあかんのや。それをさっきから指摘しておるんや。事業というものは、力任せにやればいいというものではない。売れればいいというものでもない。それをさっきから言うておるのに、きみはわからんらしい。楠木正成も知らんのか」

そこまで言われてやっと責任者は、分《ぶ》に応じた地位を守るべきだと言おうとしている幸之助の真意を理解した。

実際、幸之助が懸念したとおり、T社は翌月から真空管を増産し、結局、松下の真空管の生産量が日本一だったのは、たったひと月だけであった。

## Ⅲ - 20

# 重役に会わなかった話

松下電器が多少大きくなった昭和初期のことである。新しく事業を拡張するのに二〇〇万円必要になった。当時では相当の金である。

それまでにも一〇万、二〇万という金を銀行から借りていたが、そのときも同様に幸之助は、銀行の支店長を訪ね、その話をした。

「それは結構です。松下さんの今までを見ていると、ほとんど言われたことと違いがない。だから今度も、私はお貸ししたいと思うのですが、しかし、金額が金額です。で、この際、私が紹介しますから一度うちの重役に会って話をしてくださいませんか」

まだ規模の小さい町工場の経営者にとって、銀行の重役に紹介してもらえるということは名誉なことでもあった。しかし、幸之助は丁重にそれを辞退した。

「なぜですか」

「重役さんにご紹介いただくのはまことに光栄なことですが、お会いしたとしてもあなたに申しあげたことと同じことしかお話しできませんので……。重役さんにはあなたからお伝えください」

そう言われて、支店長は困ったが、最後には、

「それでは私から話してみましょう」

ということになった。

そして幸之助は、結局、申し込んだ二〇〇万円を借りることができたのである。

なぜ、重役に会わなかったのか。その理由を幸之助は、著書『経済談義』の中でこう書いている。

「これは自分自身の仕事をしているのではない、私はそう考えた。社会のためにやっている仕事である。つまり世の中が進歩発展してきて、こういう新しい仕事が必要になり、求められるようになってきた。その求めに応じて自分はやっているのだ。だから、そのために正当なというか必要な努力は大いにやるし、またやらなくてはならない。しかし、正当以上の、いわば卑屈な努力までする必要はない。そういう考えをハラの底に持っていたのである。自分はこの仕事が社会に必要だと思い、また自分にはこれをやっていける力もあると思うけれども、銀行が貸してくれないのなら、それをやめて、やらないだけだ、そう

いった気持ちでいた。だからせっかくの支店長の好意ではあったが『同じことをいうのに重役の人に会う必要はありません。それでよかったら貸してください。貸していただけなければ仕事をのばすだけですからけっこうです』といったわけである」

この話は、幸之助があるとき、「いちばん素直な心だったと思うことは?」と問われて披露したエピソードでもある。

# IV

## Ⅳ - 1

# 世界的企業を番頭に雇う

昭和二十六（一九五一）年初頭にアメリカを初めて訪問し、欧米の最新技術を導入することが、戦後の日本の復興再建には不可欠と考えるに至った幸之助は、同年十月から十二月にかけて具体的な提携先を求めて欧米に出向いた。その結果、オランダのフィリップス社と技術提携の交渉をすることになった。

ところが提携にあたってフィリップス社は、技術援助料として売上げの七パーセント、権利料として五〇万ドルを支払うよう要求してきた。当時の日本円で約二億円である。松下電器の資本金が五億円であった時代だから、二億円という金額はたいへんな負担であった。

〝これだけ巨額の一時金を払ってまで、フィリップスと契約しなければならないのだろうか〟

幸之助は迷った。もちろん日本の電子工業の発達、また松下電器の発展を考えてみると、なけなしの金を出してでもそれを進めていかなければならない。

しかし、一時金の他にも問題があった。契約面を見ると、全部一方的な契約である。松下電器がこういう間違いをしたらこういう処置をするとか、機械を全部引きあげてしまうとかいうように、松下電器が間違ったことをしてはいけないという内容ばかりで、フィリップス社が間違った場合の規定が何もない。きわめて強い姿勢であり、これを丸のみにして調印したら最後、すべて向こうの意のままになってしまうのではないか。

迷いに迷っているうちに、幸之助の心にフッと一つの考えが浮かんだ。それは、フィリップス社の研究所には三〇〇〇人ものスタッフがいるということである。それだけ多くの人たちがいろいろな研究をし、またそれにふさわしい施設を備えているのである。

〝あのフィリップスのような研究所をつくるのには何十億円という金もかかるし、また多くの時間をかけて研究員を育てていかなければならない。ところが、松下電器が二億円出すことによって、それらの施設もスタッフも大いに利用できるようになる。これは見方によれば、それらが自分のものになるのと同じではないか。そうしてみると、この二億円を払うことによって、フィリップスという大会社を番頭に雇うことになるのだ〟

そう考えると、スッと気が楽になり、「よろしい、承知しました」ということで、調印に踏み切ったのである。

その後、フィリップス社との提携によって松下電子工業ができたとき、フィリップス社から三人の技師が赴任してきた。そして幸之助の前に整列し、「赴任してきました。これから大いにしっかりやりやります」と言って、お辞儀をした。その姿を見て、幸之助は、〝これはやっぱりフィリップス社を雇ったのと同じだな〟と思ったという。

## Ⅳ-2

# 経営指導料

松下電器がオランダのフィリップス社と技術提携した際、一つの大きな問題となったのは技術援助料の高さであった。フィリップス社は七パーセントを要求してきた。

「アメリカの企業は三パーセントなのに、なぜお宅は七パーセントもの技術援助料を要求するのだ。ちょっと高すぎるのではないか」

フィリップス社はそれに答えて、

「わが社と提携すれば必ず成功する。それだけの責任を持つし、過去の実績を見ても、それはわかるだろう」

と言う。たいへんな自信である。しかし、交渉を進めるうちに、技術援助料は四・五パーセントまで譲歩してくれた。しかし、それでもまだ高い。

幸之助は、なぜフィリップス社の技術援助料がそんなにも高いのか、静かに考えてみた。

〝アメリカの技術も、フィリップス社の技術も、技術それ自体はそんなに大きな差があるわけではなかろう。にもかかわらず、それだけの値段の差があるというのは、それは技術以外の面、すなわちその技術をいかにして活用し成果を上げていくか、そうした面に違いがあるのだろう。しかし、待てよ。それならば……〟

幸之助はあることに思い至った。

〝技術を導入する側によっても、その成功の度合が異なるはずではないか。言ってみれば、学校だって、いくら先生が上手に教えても、生徒によっては十分にそれが生かせない生徒もあれば、反対に十二分に理解し体得する生徒もいるだろう。手のかかる生徒もいれば、手のかからない生徒もいるわけだ。そう考えると、フィリップス社の言い分は、先生がいいから七パーセントだと言っているのと同じだ。それは生徒の側を無視した考え方ではないか!〟

そこで幸之助は、このような意向を伝えた。

「フィリップス社が松下電器と契約したならば、フィリップス社がこれまでに契約したどの会社よりも大きな成功を収めることができる。他の会社との場合を一〇〇とするならば、松下電器とならば三〇〇の成功を収めることができるだろう。松下電器の経営にはそれだけの価値があるのだ。だから松下電器の経営の価値に対してフィリップス社は経営指導料として三パーセント、松下電器はフィリップス社に対し技術援助料四・五パーセントを支払うとしてはどうだろうか」

フィリップス社側は驚いた。

「いまだかつてわれわれはそんな経営指導料などというものを払ったことはない。そんなことを耳にするのは初めてだ」

双方いろいろと意見を述べ合った。しかし、松下側が熱心に説いていくうちに、やがて理解も納得も得られ、幸之助の提案どおり技術提携の話はまとまったのである。


*幸之助は常々、とらわれない素直な心で物事の本質をつかむことの大切さを訴えていた

が、この契約の経緯も〝何が正しいのか〟を追求したゆえの結果とも言える。

## Ⅳ-3

# 会社は公器や

昭和三十（一九五五）年のこと、ある中堅幹部が幸之助から、当時松下電器が福岡市をはじめ各方面から強い要請を受けていた九州への工場進出の是非について意見を求められた。彼は、自分の思うとおり、率直に答えた。

「私は不賛成です。いろんな面で不利だと思います」

彼があげる不利な理由をいちいちうなずきながら聞いてから幸之助は言った。

「きみもそう思うか。みんなもそう言っとる。でもな、わしは引き受けることに決めたんや。というのはきみな、九州の人たちがここまで熱心に言ってくれるのに断わることはないとわしは思うんや。

松下電器というのは社会の公器や。貢献する道はいろいろある。けど、わしが考えるに、おそらく今後の日本の社会には、過密過疎という現象が起きるにちがいない。東京と大阪が極度に肥大をして、郡部がだんだんと過疎化していく。今、九州の人たちがいちばん悩んでいるのはそういうことやろう。職がないから人が出ていくのであり、人口が減少したり、職場に定着しないことが地域社会としての大きな問題になっている。

松下電器に『やってくれ』と言うのは、いろいろ世の中を見わたしてみて、松下電器という会社がいちばん適当だと皆さんが考えて、そうおっしゃってくださるのや。その好意にこたえるのがわれわれの義務やないか。ここでわれわれが一所懸命やって、九州経済あるいは九州地域全体に貢献することは、すなわち、日本に貢献することであり、松下電器の責任を果たすことになる。なるほどきみたちが言うように、それは非常に不利な条件ばかりだけれど、若干の経済性を犠牲にしても、この際松下電器は地域の要請にこたえるべきや。そう考えたんで、わしはやることに決めたんや。

しかし、これを担当する人は苦労するな。太っている人なら、たぶんちょっとやせるやろな」

しばらくして、この中堅幹部に、〝新設の九州松下電器の実務担当責任者として赴任せよ〟との命が下った。

# Ⅳ-4

# 「紺屋の久どん」の心意気

昭和三十九（一九六四）年から四十（一九六五）年にかけて、電機業界は深刻な不況に陥り、松下電器の販売会社や代理店の中にも赤字経営に落ち込むところが激増した。〝このままではいけない。このままでは松下電器だけでなく、業界全体が疲弊してしまう〟

幸之助は、当時会長に退いていたが、病気療養中であった営業本部長の代行として再び第一線に立った。そして、混沌としている業界の姿勢を正すため、販売制度の改革に不退転の決意で臨んだ。

各地の販売会社や販売店の集まりにみずから出向き、趣旨を説明し、協力を求めてまわった。必ずしも賛成の人ばかりではなかったが、根気よく説得を続けた。脈が結滞することもあり、幸之助にとって、苦しいときであった。

そんなある日、幸之助は秘書に、「浪花節《なにわぶし》に『紺屋高尾』というのがある。それを聞きたいからレコードを買ってきてくれ」と頼んだ。秘書はそのレコードを入手、幸之助に手渡した。

「紺屋高尾」というのはこんな話である。

ある日、紺屋の職人、久《きゅう》どんは江戸吉原の高尾太夫《だゆう》の道中を見て、その美しさに心を奪われてしまう。高尾太夫といえば、江戸の遊廓吉原のいわばナンバー・ワンである。久どんはなんとか一夜の情けにあずかりたいと深く心に決め、三年間飲まず食わず働いて、十五両をためる。十五両といえば大金であるが、それを一夜で、見事太夫のために使い果たしてしまう。

幸之助は若いころにこの話を聞いたとき、〝自分はそんな潔い真似はできん。久どんのほうが自分より上だな〟と思ったという。はたから見ると、ばかばかしいと思われることでも、志を立ててそれをやり抜く心意気、自分が〝これ〟と決めたものには命をかけて邁《まい》進《しん》する心意気に感動を覚えたのである。

幸之助は、販売会社や販売店との交渉が難航する中、もう一度この話を聞き、久どんの心意気に、ともすれば弱気になり、くじけそうなみずからの心を励まし、鼓舞しようとしたのである。

＊小学校を中退している幸之助にとって、講談や浪花節などは世間の知識・常識を学ぶ素材でもあった。



# 企業の発展は社会が決める

昭和二十九（一九五四）年、幸之助が銀行に挨拶に行ったとき、銀行のある重役が、「松下電器はどこまで拡張するのですか」という質問をした。これに対して、幸之助はゆっくりした口調でこう答えた。

「それは私にもわかりません。松下電器を大きくするか、小さくするかということは、社長の私が決めるものでもなければ、松下電器が決めるものでもありません。すべて社会が決定してくれるものだと思います。松下電器が立派な仕事をして消費者に喜んでいただけたならば、もっとつくれという要望が集まってくる。そのかぎりにおいてはどこまでも拡張しなければなりません。しかし、逆にわれわれがいかに現状を維持したいと考えても、悪いものをつくっていたのではだんだん売れなくなって、現状維持どころか縮小せざるを得なくなる。だから、松下の今後の発展はすべて社会が決定してくれるのです。もちろん半期とか一年とかの一応の見通しを立てた計画書は銀行へお出ししていますが、どこまで拡張するかと言われると、これはわからないという答えしか出せません」

IV - 6

## 経営理念を売ってほしい

昭和四十四（一九六九）年六月、幸之助は、ヨーロッパ視察の途中、西ドイツのハンブルク市に立ち寄った。そして、ハンブルク松下電器を訪ね、そこで日本から出向している駐在員との懇談会を持った。その席上でのことである。

「ベルギー、オランダ、ドイツの三カ国を訪問する中で、できるだけ家電の販売店を見てまわる機会をつくってもらったが、わが社の商品はみなドイツやオランダのメーカーの商品に負けとるな。勝っているのは乾電池だけみたいやな。

現地で苦労している皆さんにまことに申しわけないと思う。弱い商品を売るむずかしさ、それも外国で売るむずかしさは私なりによくわかっているつもりや。それだけに日夜がんばって販売に専念してくれている皆さんにはほんとうにすまないと思う。

商品を強くすることが先決やな。そこでぼくに三年の時間をくれないか。帰国したら各本部長にぼくからきちんと言おう。『きみたちに三年の猶予をやろう。その間に、外国のどのメーカー、日本のどのメーカーにも負けない商品をつくってヨーロッパに届けよ』と。これはぼくの約束や」

会議に出席していた駐在員にとっては、たいへんうれしい、ありがたい話であった。ところがそのあと、幸之助はこう言った。

「一つきみたちにお願いがある。ぼくは三年間かけて強い商品をつくる約束をした。しかし三年たってよい商品ができたとしても、そのときそれを売りさばく販売店網がなければなんにもならない。今日、松下の販売店網は、ヨーロッパのどの国をとっても残念ながら弱い。これを強くしてもらう必要がある。この三年間でヨーロッパ各国の販売店網をもっと強くしてほしい。強い商品が出てきたときには、それをきちんと売れるだけの販売店網を、今から心がけてつくりあげてほしい」

駐在員にとっては意外であった。弱い商品、負けている商品のままで販売店網を強くするなんて、そんな神業《かみわざ》みたいなことができるのか、と感じた駐在員の一人が質問した。

「会長、お言葉を返すようですが、先ほど、商品が弱い、負けているから、三年間辛抱してほしい、三年たったらきっと強い商品を届けようとおっしゃいました。ところが今、その三年間で強い販売店網を育ててあげてほしいともおっしゃいました。これは矛盾するのではないでしょうか。売るものがない、売るものが弱い、それでどうして強い販売店網ができるのでしょうか。強い商品があって初めて強い販売店網ができるのではないでしょうか。このへんを教えていただきたいと思います」

沈黙が続き、会議室が重苦しい雰囲気に包まれた。やがて幸之助は、駐在員たちをひとまわり見まわしたあと、おもむろに口を開いた。

「松下電器には、商品を売る前にきみたちに売ってほしいものがある。それは松下の経営理念や。松下の経営の基本の考え方や。商品を売る前に、お得意様に松下の経営理念を売ってほしい。松下の経営の考え方、精神を売ってほしい。それが松下の商売の基本や。今の商品でもこれならできる。いや今の商品よりも強い商品が出てくることがわかっていれば、なおのことこれができる。これを徹底的にやってほしい」

## Ⅳ-7

# ぼくは婦人を解放した

昭和三十六（一九六一）年ごろから、松下電器は海外からの賓客を迎えることが目立って多くなった。ソ連のミコヤン第一副首相もその一人である。

そのとき、幸之助とのあいだでこんなやりとりがあった。

「あなたのお国は人民を解放されたとお聞きしています。それはたいへん新しい行き方だと思いますし、敬意を表します。しかし、ぼくはぼくで、婦人を解放したんですよ」

「それはどういうことですか」

「以前、日本の婦人は、食事の仕度をしたり、洗濯をしたり、また掃除をしたりと、朝から晩までいろんな家事に追われて、ほとんど自分の時間が持てなかった。しかしぼくは、炊飯器や洗濯機や掃除機など、いろんな家庭電気器具をつくって、日本の婦人を台所から解放したんですよ。もっとも時間的に解放したということですけども……。だから、あなたのところは人民を解放し、ぼくは婦人を解放した」

半分は冗談のつもりの幸之助に、ミコヤンは握手を求めながら言った。
「あなたは資本家であるけれど、偉い！」

## Ⅳ-8

# ラジオは故障するもの？

松下電器で初めてラジオの生産販売をすることになった昭和初期のことである。当時はまだ松下電器にはラジオの技術がなかったため、信用のあるメーカーに頼んで製造してもらうことになった。ところがこれが故障の続出。返品また返品という状況に陥った。調べてみると、意外なことに、その原因は販売網にあった。

つまり、それまでラジオは専門店で売られていたため、その販売にあたっては、専門の技術者がいちいちテストしていた。ラジオはある程度故障するものだという前提に立って、多少の故障は自分の店で直してから顧客に渡すという方法をとっていた。ところが、松下電器の販売網はその多くが普通の電気屋さんで、ラジオの専門的な技術を持っているところは少ない。真空管がゆるんでいるというような些細《ささい》なことでも、箱から出して鳴らなければ不良ということで返品してきていたのである。

そこで幸之助は、「故障を絶無にするための根本的な設計変更をしよう」と、製造メーカーの責任者に申し入れた。ところが責任者は、「今日のラジオは故障絶無というわけにはいかない。やはり、専門のラジオ店で売るようにしたほうがよい」と言う。

幸之助は訴えた。

「ラジオは故障するものという固定観念にとらわれているかぎり、よいラジオはつくれないと思う。腕時計のような小さくて複雑な機械でもあれだけ正確に動いている。ラジオは本来故障しないものという考え方に立って、どうすればそういうラジオができるか工夫していくことが大切で、そうすれば必ず故障のないラジオができるのではないか」

それからしばらくして幸之助は、理想のラジオを松下電器独自で開発しようと、研究部に命じた。

## Ⅳ-9

# モーターは無限に伸びる

昭和九（一九三四）年十一月、松下電器は新しい事業分野である小型モーターの生産販売を開始した。

当時のモーター業界は、第一次世界大戦で急速に伸び、昭和四、五年の不況でいっそう地盤を固めた重電各社が支配していた。

そうした中での生産開始であったから、発表会に集まった新聞記者のあいだからもその将来性を疑問視する質問が出された。

「松下さん、モーターは重電会社の領域です。その重電系の分野の仕事を、しかも大阪で新しく始めて、はたしてうまくいくんですかね」

こうした疑問の声に、幸之助はうなずきつつ、逆に問い返した。

「今、皆さんのご家庭では、モーターを何台ぐらいお使いですか」

そう聞かれて思いつくのは扇風機ぐらいというのが、当時の一般家庭の状況であった。

顔を見合わせる記者たちに、幸之助は続けた。

「私はモーターの将来の需要は、莫大なものだと思うんです。お互いの生活程度がだんだん高まっていけば、やがて家庭でいろんなかたちで小型モーターが使われるようになってきます。ところが現状は、ここにお集まりの皆さん方のような相当文化生活について関心の高い方々のご家庭でも、まだほとんど使われていない。これがやがて十年なり、二十年たってごらんなさい。皆さんのご家庭で必ず、二、三台、いや一〇台ぐらいが使われるようになりますよ。そうすると、これはゼロから無限大ほどに需要が増えるということです。そういう有望な仕事をやろうというわけですから、私はきっとうまくいくと思いますね」

幸之助の予言が、第二次世界大戦後に現実のものとなったことは、改めて言うまでもない。

IV - 10

# 世間が待ってくれるか

ある事業部の経営がなかなかうまくいかず、事業部長が交代して立て直しをはかることになった。新任の事業部長は幸之助に、「いろいろ実態を調べましたが、これは必ずよくなります。だから半年間は黙って見ていてください。必ずよくします」と挨拶した。幸之助は笑顔で、「そうか、半年どころか一年でもなんぼでも待つで」と答えた。

安心して部屋を出ようとした事業部長のあとを、幸之助の言葉が追いかけてきた。

「ああきみ、私は、一年でも二年でも待つけどね、世間が待ってくれるかどうか、それは私は知らんで」

IV - 11

# 一家に二台、ナショナルラジオ

ラジオの総需要が三〇万台ぐらいのころの話である。ラジオの営業部長が、いろいろとデータを調べて販売目標を決め、幸之助に報告した。

「現在、全国のラジオの需要はだいたい三〇万台。その三割を松下が占めると九万台ですが、新製品も出ることですし、一〇万台はやりたいと思います」

かなり確信を持っての報告であった。しかし、この報告を受けた幸之助は即座に言った。

「それはけしからんではないか」

「………」

「なんで初めから全体で三〇万台しか売れないと決めてしまうのだ。初めからそう決めてしまうということは、もうそれ以上は売る必要なしと考えるのと同じことではないか。そういう固定的な考え方では、いつまでたってもラジオの仕事は伸びんで。今が三〇万台だからといって、これからもそうだと初めから決めてしまうその基本の考え方に誤りがあるのや」

この言葉がヒントになって、「一家に二台、ナショナルラジオ」というキャッチ・フレーズが打ち出された。

＊ナショナルの商標は、昭和二（一九二七）年に発売された角型ランプに初めて使用され、以降長らく白物家電製品のブランドとなっていた。平成二〇（二〇〇八）年の社名変更に伴い、パナソニックに統合された。

IV - 12

# こけたら立たなあかんねん

昭和九（一九三四）年九月二十一日、四国、近畿地方を中心に、気象観測所始まって以来の大型台風が吹きあれた。室戸《むろと》台風である。

その爪痕《つめあと》は深く、死者・行方不明者三〇〇〇人、負傷者一万五〇〇〇人、家屋の全半壊は八万八〇〇〇戸というすさまじい災害であった。

前年、全社の総力をあげて、大開町《おおひらきちょう》から門真に本社、工場を移転したばかりの松下電器も大打撃を受けた。本社一部損壊、乾電池工場全壊、配線器具工場全壊……。

折悪《おりあ》しく、幸之助は、夫人が風邪をこじらせて入院中で、病院から工場へ駆けつけたのは、ようやく風もおさまりかけていた昼近くであった。

「あっ大将、ご苦労さんです」

出迎えた工場長は幸之助の胸のうちを思う。

「えらいことになりました。ご案内します。いっぺんずうっと見てまわってください」

無残な姿を露《あらわ》にしている工場のほうへ導こうとした。すると、幸之助は手に持った扇子をもてあそびながら言った。

「いや、かめへん、かめへん」

「ハア？」

「きみなあ、こけたら立たなあかんねん。ちっちゃい赤ん坊でもそうやろう。こけっぱなしでおらへん、すぐ立ち上がるで。そないしいや」

そう言い残すと、工場の被害状況などどこ吹く風といった様子で、一瞥《いちべつ》もくれることなく立ち去った。

「こけたら立つのや」

幸之助の言葉のもと、即日再建のための活動が始められた。その数日後、幸之助は幹部を招集した。

「みんなご苦労さん。ところで、今はきみたち個人も会社も被害を受けてたいへんなところやが、同様にお得意先の問屋さん、販売店さんもまたこの暴風雨下、無事であったとは思えない。いずれも松下電器と行動を共にしてがんばってくれている人たちや。ついてはお見舞金をお届けしたいと思う」

全壊、半壊、床上浸水等々、その被害状況に応じて見舞金を用意する。幹部をはじめ従業員たちは泥海と化した市内に散っていった。

＊一見望ましくない事象にも意味、意義を見出して活かしてゆく。幸之助の人生経験が築き上げたマインドセットである。

IV - 13

# 雨が降ったら傘をさす

幸之助が会長になってまもないころ、ある新聞記者が取材に訪れて、こう質問した。

「松下さん、あなたの会社は急速な発展を遂げてこられましたが、どういうわけでそうなったのか、その秘訣というようなものをひとつ聞かせてもらえませんか」

「秘訣と言われても、特にそういうものはありませんが、あえて言えば、天地自然の理法に基づいて仕事をしてきたということですかな」

「それはいったいどういうことですか」

「いや、別にむずかしいことではありません。たとえば、あなたは雨が降ったらどうされるかというと、傘をさすでしょう。雨が降れば傘をさす、それが私は天地自然の理法に則した行き方だと思うのです」

「………」

「つまり、そうした行き方の中に商売のコツというか、経営のコツがあるのではないかということです」

「……」

「雨が降っているのに傘をささなかったら、濡れてしまう。だからだれもが傘をさす。そうすれば濡れないですむ。これは当然の話です。

経営とか商売でも同様で、原価一円のものは、一円一〇銭とか一円二〇銭という適正な価格で売る。そして、それを売ったら、必ず集金をするといっただれでも考える当然なことをきちんとしていくことが大事です。ところが現実の商売となると、原価以下で売ったり、売っても集金をしなかったり、あたかも傘をささずに歩きだすようなことを、しばしばしがちなんですね。

ごく当たり前のことを適時適切に行なっていけば、商売なり、経営というものは、もともと成功するようになっている。私はそう考えて、そのように努めてきたのですよ」

＊幸之助は、「天地自然の法」「自然の理法」に従うという表現も使っている。

Ⅳ - 14

# 伸びる余地はなんぼでもあるよ

昭和八（一九三三）年ごろのこと、幸之助が博多の九州支店を訪ねた。支店長は、幸之助に喜んでもらいたい、自分の手柄話を聞いてもらいたいという一心から、ナショナルランプのシェアの優位状況を得々と報告した。が、あとでつい口がすべって、今後の売上げを伸ばすのは非常に苦労だとつけ加えた。

聞き終わった幸之助は、こう言った。

「きみ、ご苦労さんやなあ。しかし、昨夜わしが別府駅に着いて改札を出たら、各旅館の番頭さんがたくさん迎えに出ていた。みんな、それぞれ旅館名の入ったロウソクの提灯《ちょうちん》を持っている。あのロウソクを電池ランプに替えたら、たいした数になるで。まだまだ伸びる余地はなんぼでもあるよ」

## IV - 15

# 自分の金やったらかなわんけれど……

幸之助が独立してまだまもないころ、税金は、大きな事業をやっているところは税務署のほうから調査に来るが、小さなところは申告者を信用して、その申告した金額に応じて納めるというようになっていた。

幸之助も何を考えるでもなく、そうした習慣に従っていた。

「今年は三〇〇円儲かりました」

「今年は一〇〇〇円です」

一応の説明をつけつつ、儲かった金額をそのまま申告していた。

ところがそのうちに、事業の急な伸展に伴って、申告する金額が、一万円、二万円と多額になっていく。すると税務署のほうが、その申告額をそのまま受けつけてはくれなくなった。

「松下さん、あんたのとこの会社もだいぶ大きくなったようだし、今度いっぺん調査に行かせてもらいますよ」

正直に申告していたものの、実際に調査を受けてみると、見解の相違があって申告以上に利益が上がっており、再調査に来るという。

〝こりゃえらいことや。だいぶとられてしまうわ〟

幸之助は一瞬、自分が正直すぎて損をしているのではないかと思った。

〝確かに店は大きくなったが、これは内緒にしておいて、正直にこれだけ儲かったなんて言わなければよかった〟

もうそのことが気になってしかたない。悩んで夜も眠れない日が二日、三日と続いた。ところが、さて税務署が再び調査に来るという日の朝、それまで悩みとおしていた幸之助は、ふとこう思った。

〝まてまて、これは確かにわしが儲けた金にはちがいないが、しかしよく考えてみると、この金はわしの金やない。言うなれば世間の金、天下国家の金や。自分の金やったらたくさんとられるのはかなわんけれども、もともとがわしの金ではないのだから、それを税務署が来ていくら持っていこうと、それはそっちの好きにしたらええ〟

幸之助は、たれこめていた雲がいっぺんに吹き飛んだような気がした。

「どうぞそちらの思うとおりにお調べください」

気持ちよく調査に臨むことができたのである。

## Ⅳ - 16

# この土地、全部わしのもんや

ある日、幸之助は京都洛西にある鮎《あゆ》料理で有名な料亭を訪ねたが、部屋に入ってすぐ同行の青年にこう言った。

「きみな、このあたりの土地は全部わしのもんやで」

「ほんとうですか。へえー」

青年は、〝天下の松下幸之助さんである。このくらいの土地は手に入れているのかもしれない〟と思った。その途端、

「きみ、そういうふうに考えてみ、面白いやろう」

にっこりとほほえんで幸之助は続けた。

「このへんの土地も、この料亭も自分のもの。しかし、わしは電器屋やから鮎料理屋をやっている時間がない。だから、この料理屋さんに頼んでやってもらってる。そしてな、こうして鮎を食べに来るやろ。食べてお金を払うけど、それは鮎を食べさせてもらった代金ではない。鮎はもともとわしにタダで出してくれる。けどな、そのためにここの人たちが一所懸命にやってくれたから、なにがしかのお礼を払うんや。そう思えば、きみ、このお店の人たちへの感謝の気持ちもより湧いてくるし、何よりも心豊かになるやろう」

Ⅳ - 17

# 石炭に聞いてみよう

戦後の混乱の中で、〝どうして万物の霊長といわれる人間が、このように苦しんでいるのか〟という疑問から、幸之助は、昭和二十一（一九四六）年十一月、ＰＨＰ研究所を設立した。創設まもないころは、みずからあちこちに出かけ、ＰＨＰの思いや考え方をさまざまな人に訴えてまわった。税務署に行っては署員に、大学に行っては先生に、お寺に行っては日ごろ人の道を説いている僧侶に。

あるとき、大阪地方裁判所を訪ね、所長をはじめ五〇人ほどの判事を前に話をしたが、質疑応答の際に、一人の若い判事が立ち上がって質問した。

「松下さん、あなたは今繁栄の道をいろいろお説きになった。それはたいへん結構だと思います。ところで、今、石炭が足りないということがやかましく新聞に出ていますが、あなたはどうしたら石炭が出ると思いますか」

当時、戦後の復興をなし遂げるためには、どうしても主燃料の石炭を掘ることが必要であった。政府は、石炭の価格を統制し、炭鉱には「もっと掘れ」とやかましく言っていたが、実際には、石炭は十分出まわっていなかった。

幸之助は、その質問に対してこう答えた。

「それはまず何よりも、石炭に聞いてみることですね」

「松下さん、まじめな話をしてください。石炭に理由を聞くだなんて、冗談じゃない」

「いや、これは冗談ではありません。まじめな話です。もちろん、石炭はものは言いません。しかし、仮に石炭がものを言うとすれば、『今のような状況ではとても出ていく気にはなれない』と答えるのではないかと思うのです。

今の日本は、石炭がなければ国家の再建ができないというような状態です。このことは政府も言っているし、われわれ国民もそう思っている。にもかかわらず、政府は石炭が大事だから大いに増産しようと言う一方で、その値段をできるだけ安く抑えようとしています。それはいわば石炭を虐待している姿であり、そうしたところに私は問題があると思うのです。

たとえば、ここに倒産の危機に瀕《ひん》している会社があるとしますね。社長としてはこの会社をなんとか再建したい。そこで、このようなことを幹部に言ったらどうでしょう。

『私は従業員のためにも、社会のためにも、この会社を立て直したい。ついては有能な諸君に率先して働いてもらいたい。けれど、会社がこんな状態だから、給料は減らすことにする』

これでは、幹部の人たちの仕事に対する意欲が薄れてしまうでしょう。幹部の人を有能だと認め、それに応じた働きを求めるのなら、それに見合った処遇をしなければならんと思います。私は、日本の政府は今日、この優秀な社員を他の社員より安い給料で働かそうということと同じことを、石炭にしているように思うのですね。他の物の値段はどんどん上がっても黙認しているのに、再建に必要な石炭については、安くしろ安くしろとばかり言って虐待している。これでは石炭は出てきたがらないですよ」

＊著書『決断の経営』（一九七九年刊）で幸之助は、「自分を中心に考えている場合に心が迷いやすい。（中略）こういう場合には、（中略）しばらく自分というものを考えから抜いてみる。そして素直に全体のためにはどうあるべきか考えてみることが大切である」と述べている。

## Ⅳ-18

# まず願うこと

〝川にダムがなければ、少し天候が狂っただけで、洪水になったり、干魃《かんばつ》になったりする。しかしダムをつくれば、せきとめ溜めた水をいつでも有効に使うことができる。それは人間の知恵の所産である。経営にもまたダムがなければならない。経営者は『ダム式経営』、つまり余裕のある経営をするよう努めなければならない〟

幸之助は、京都の中小企業経営者が集まった講演会で、持論の〝ダム式経営〟の勧めを説いていた。

話が終わったとき、一人の経営者が質問をした。

「今ダム式経営が必要だと言われました。が、松下さんのように成功されて余裕があるところではそれが可能でも、私どもにはなかなか余裕がなくてむずかしい。どうしたらダムがつくれるのか教えてください」

「そうですなあ、簡単には答えられませんが、やっぱり、まず大事なのはダム式経営をやろうと思うことでしょうな」

このときの聴衆の一人に、今は世界的な企業に成長している会社の経営者がいた。創業して四、五年、まだ経営の進め方に悩んでいたころである。

この幸之助の答えにその経営者は、身の震えるような感激と衝撃を受けたという。のちに、幸之助と対談した際、彼はこう言っている。

「そのとき、私はほんとうにガツーンと感じたのです。余裕のない中小企業の時代から〝余裕のある経営をしたい、おれはこういう経営をしたい〟と、ものすごい願望を持って毎日毎日、一歩一歩歩くと、何年か後には必ずそうなる。〝やろうと思ったってできませんのや。何か簡単な方法を教えてくれ〟というふうな、そういうなまはんかな考えでは、事業経営はできない。〝できる、できない〟ではなしに、まず、〝こうでありたい。おれは経営をこうしよう〟という強い願望を胸に持つことが大切だ、そのことを松下さんは言っておられるんだ。そう感じたとき、非常に感動しましてね。ただ多くの聴衆の中には、そういう精神的なものについてはあまり好きではないものだから、何かもっと簡単な、アメリカ的な経営のノウハウでも教えてもらえるのではないかと期待していた人も多かったようですがね」

＊この経営者とは、京セラ創業者・稲盛和夫氏のことで、今やよく知られたエピソードとなっている。

# 設計からやり直してみては

昭和三十六（一九六一）年、幸之助が松下通信工業を訪れると、ちょうど幹部が会議を開いているところだった。

「きょうは何の会議や」

「はい、実はトヨタさんから大幅な値引き交渉がありまして……」

通信工業ではトヨタ自動車にカーラジオを納めていたが、その値段を直ちに五パーセント、向こう半年で一五パーセント、合計二〇パーセント下げてほしい、という要望が来ていたのである。貿易の自由化に直面し、海外の自動車と太刀打ちするためには、どうしても安くてよい自動車をつくらなくてはならない。そのためにトヨタ自動車は合理化のためのあらゆる見直しを、必死で行なっていた。

「それはたいへんなことやが、今いくら儲かってるんや」

「最近の仕事ですので、ようやく三パーセントほどの利益を組めるようになりました」

「きみ、松下電器は一〇パーセントの純利益がなかったらやっていけん会社や。それを三パーセントの利益でやっているとは、そのこと自体がけしからんやないか。で、どないするんや」

「それで会議をしているのです」

そこで幸之助は考えた。

〝トヨタさんの要求は、貿易自由化を考えればもっともなことや。むしろわれわれは、トヨタさんの要求が来る前に、今の状況を考えて、みずから二割三割の値下げを考えなければならなかった。ここでこうして会議を開いていること自体が手遅れやな〟

そしてこう言ったのである。

「これはうちがその製造をやめるか、要望に応ずるか、二つに一つや。常識的に考えたら、この話は断わるのが筋かもしれん。しかし、できないと断わるのはいかにも知恵のない話や。もし、うちがトヨタさんの立場に立ったら、やはり同じ要求をするやろう。きみらも驚いているが、トヨタさんはもっと心配されとる。どうしたら日本の自動車産業を維持できるか苦しんではるのや。

それを考えると、まず〝できない〟という考えを捨てることや。そして、一から新しい方法を生み出してみてはどうか。五パーセント下げるより三〇パーセント下げるほうが容易な場合が多い。それは発想が変わるからだ。性能が落ちないことと、トヨタさんの要求されている要点は変えてはならんが、この際、思い切ってラジオの設計そのものをやり直してみてはどうや。部分的な改良ではそれだけの値下げはできん」

その後一年あまりして二〇パーセントの値下げに応ずることができ、しかも適正な利益が生まれるようなカーラジオが誕生した。抜本的な設計変更と、生産ラインの見直しによって、技術者たちの努力が実ったのである。

## Ⅳ - 20

# 画期的な販売法

幸之助は幼いころ自転車店で奉公していた関係もあって、独立してからのち、常々何か自転車用品をつくってみたいと思っていた。そして夜間、自転車を走らせていると、ロウソクや灯油のランプの灯火が風ですぐ消えて不便を感じたみずからの体験から、実用的な自転車用電池ランプの考案を思い立った。そのころにも、自転車用電池ランプはあるにはあったが、点灯時間が二、三時間、故障も多く、とても実用的と言えるようなものではなかった。

そうとわかると、いてもたってもいられない。幸之助はみずから図面を引き、考案試作に没頭した。ときにそれは深夜にまで及び、半年のあいだに何十もの試作品をつくり、研究に研究を重ねた。その結果、従来の電池ランプより飛躍的に点灯時間の長い砲弾型のランプをつくることに成功した。

〝これはいい。格好がよくて、構造が簡単、そして何よりも四、五十時間も点灯する〟

そのころ電池は三〇銭、ロウソクは一時間一本で二銭。幸之助が考案した電池ランプのほうがはるかに安くつく。

〝これは売れる。必ず売れる〟

幸之助の喜びは確信に変わった。

さっそく電池ランプの生産を始めるとともに、大阪市内の問屋に売りにまわった。

しかし、結果は意外だった。

「なるほど説明を聞くとよい品のようだが、売れるかね。電池ランプは点灯時間が短い上に、故障も多くて評判を落としているから、あまり期待はできないね」

一軒一軒まわったが、どこの問屋の反応も似たりよったり。電器店がダメならと自転車店をまわったが、結果は同じ。また大阪がダメなら東京でと、東京に行ったがやはり同じことだった。

そうこうするうちにストックが三、四〇〇〇個もたまってきた。それでも幸之助は希望を捨てなかった。

〝どう考えても製品は悪くない。売れない原因は問屋が従来の電池ランプのイメージにとらわれて、自分が開発した電池ランプのよさを理解してくれないところにあるにちがいない。どうしても問屋がダメなら小売店をまわろう。信用してくれないなら、現物を預けて実際に試してもらおう。売るよりも知ってもらうほうが先だ〟

幸之助は点灯実験を頼み、納得したら買ってもらうべく、現物二、三個ずつを小売店、自転車店に預けてまわった。一人では一日に何店もまわれない。三人の外交員を採用し、地域割をして、一斉に大阪市内をまわらせた。

すると現物実験で製品のよさを知った小売店から、次々と注文が入り始めた。二、三カ月後には二〇〇〇個も売れるようになった。

また最初は相手にしなかった問屋も、小売店や自転車店からの注文でそのランプの評判を知るようになると、改めて仕入れたいというところが増えてきた。そこで幸之助も変則的な小売店との直接取引きをやめ、問屋との取引きに切り替えた。

この成功で自信を得た幸之助は、新聞広告でランプの代理店を募集、さらに販路を全国に広げていった。その結果、このランプは翌年には月一万個以上も売れる商品に成長し、新しくランプの専門工場を建設するまでになったのである。

# V

## V-1

# 乾電池を一万個タダでください

「ハハア⁉　タダで乾電池を一万個、あなたにあげる？」

幸之助の計画を聞くと、東京の乾電池会社の社長はそう言って驚いた。

驚くのも無理はない。幸之助の計画とは、新しい自転車用ナショナルランプを開発したが、その販売にあたっては、宣伝見本として各方面に一万個を配りたい、ついてはその見本に入れる乾電池一万個をぜひ提供してほしい、というものであった。

「松下さん、そりゃ少し乱暴じゃありませんか」

「社長さん、あなたが驚かれるのも無理はありませんが、私はこの方法に非常な確信を持っているのです。しかし、一万個もの電池を故なくタダでもらおうとは思っていません。それには条件をつけましょう」

その条件とは、今は四月だが、年内に乾電池を二〇万個売る。そのときに一万個まけてほしい。もちろん売れなかった場合にはその代金は支払う、というものであった。

「私が商売を始めてからこのかた、こんな交渉はただの一度も受けたことがない。よろしい、年内に二〇万個売ってくれるのなら、一万個はのしをつけてきみにあげよう」

いよいよ乾電池とともにナショナルランプ一万個を市場に配ることになった。しかし、一万個という数はいかにも大きい。また、ランプそのものが高価なものである。あげるにしても、もらうにしても一個ずつであった。

だから、一〇〇〇個ほども配ったと思う時分には、その見本が注文を呼んで、次々と注文が殺到した。そしてその年の十二月までに、松下電器は四七万個の乾電池を引き取っていたのである。

翌昭和三（一九二八）年一月二日、幸之助の家を訪ねる人がいた。紋付羽織、袴《はかま》に威儀を正した乾電池会社の社長がわざわざ東京から大阪まで出向いてきたのである。

「松下さん、きょうはお礼を言いに来ました」

社長は感謝状を渡すとともに、「わずかのあいだに四七万個も販売されるというのは、わが国電池界始まって以来ないことだ」と口をきわめて賞賛し、幸之助を感激させたのだった。

V

## V-2

# 不況時こそ金を使え！

昭和五（一九三〇）年、松下電器は順調な伸展を続けていたが、世の中は濱口雄幸《おさち》内閣の緊縮政策と相まって、相変わらず不況沈滞の一途をたどっていた。

そんな折、たまたま自動車のセールスマンが幸之助を訪ねてきた。

「松下さん、この節は緊縮時代で自動車がさっぱり売れません。官庁でも三台あるところを二台にするという具合で、売るよりもむしろ中古を引き取るというような有様です。まったく不景気で弱っています。拝見するところ松下さんでは、この不況にもかかわらず盛んに商売をしておられる。どうか助けると思って一台買っていただけないでしょうか」

〝まだそんな身分ではない〟

幸之助はそれまで自家用の自動車を買おうなどとは思ったこともなかった。実際、当時の大阪でも自家用車を持っているような会社は数えるほどしかなく、発展しているとはいえ、まだ小さな個人経営の松下電器としては、夢にも思わないのが当たり前であった。

〝しかし……〟

幸之助の頭にピンと来るものがあった。

〝せっかく苦心して立派な文明の利器として輸入されたものが使用されない。こんなことではいけない。

アメリカでは労働者階級といわれる人たちまで自動車を持っていて、しかも婦人たちでさえ堂々と運転するところまで普及しているという。それに反して日本の重要な官庁では、国民のために時を惜しんで東奔西走《とうほんせいそう》しなければならない偉い人たちが、自動車を減らしていくようなことをしている。こうした緊縮政策では繁栄は生まれない。国家を経済的に発展させるには、やはり生産と消費を同時に高めていかなければならない。今の世の中は、消費を高める必要がある。だから物を買える人が買うことは、世のため人のためになる。たまたま自動車を買ってくれと言ってきたが、これはいわば世間の要請でもあろう〟

そう考えた幸之助は、その場で自動車の購入を決断した。セールスマンは大いに喜び、格安の値段で売ってくれた。

V

## V‐3

# 天馬空を往く

昭和四十（一九六五）年の大晦日《おおみそか》、幸之助はＮＨＫの「紅白歌合戦」の審査員席についていた。絢爛《けんらん》豪華な美しい舞台に、次々に歌手が登場して歌う。そんな歌手一人ひとりに拍手を送っていると、二時間四十五分がまたたくまに過ぎ去った。しかし、審査が終わると幸之助は外に飛び出さねばならなかった。

元旦から家をあけたくない。羽田零時一分発の最終便になんとしても乗りたかったからである。ＮＨＫの配慮によって無事羽田に到着。タラップに足をかけたときは、昭和四十年が除夜の鐘とともに、まさに終わろうとしているときであった。そして、天空に飛び立ったとき、昭和四十一（一九六六）年の新しい年が静かに明け始めていた。

幸之助は思わず、ハタと膝を打った。

〝そうだ。今年はウマ年だ。そして、自分もウマ年だ。考えてみれば、ウマ年生まれの自分が、ウマ年がまさに明けそめんとするこのときに、天空高く飛んでいる。これこそ、

「天馬空《てんばくう》を往《ゆ》く」の図ではないか。こいつは縁起がいい。今年はきっと、明るくいい年になるぞ〟

幸之助の発想は、常にマイナスをプラスに、プラスをさらに大きなプラスに変えることのようである。

## V-4

# 自主責任経営は共存共栄の第一歩

過当競争によって業界が大きく混乱していた昭和三十年代の後半のことである。ある地区の販売店の集まりに出席した幸之助に、こんな質問が飛び出した。

「松下電器が現在非常に利益を上げておられるのに比べ、販売店や代理店は、激しい競争に苦しんでいる。こういうときはもう少しわれわれのことを考えてくれてもいいんじゃないでしょうか。

だいたい松下電器は、共存共栄と言いながら、もう一方では、われわれが何とかしてくれと言うと、すぐに自主責任経営だと言う。ちょっと都合よすぎやしませんか。あなたのおっしゃっている共存共栄と自主責任経営と、いったいそこのところはどういうふうに考えておられるんですか」

〝むずかしい質問が出たな、これはまずいことになった〟と担当者は思った。しかし幸之助は顔色ひとつ変えていない。〝なんだ、そんな当たり前のこと〟といった顔つきで演台へ進み、こう答えた。

「それはあなた、当たり前ですよ。だいたい、自主責任経営ができんような人、これはもう商売する資格はないですわ。あなたご自身も、自分のことに責任を持てないような人と共同で事業をやりますか。共同の金がどうなっているとか、仕事がどうなっているとか、そういうことをはっきり固めることのできんような人と手を組んで、心を合わせて全部打ち明けあって仕事ができると、あなたはお思いですか。そういう人と共存共栄できるはずがないでしょう。

私も同様に、お取引きしていく代理店さんは、ほんとうに自主的に経営をしっかりできる人、そういう人といっしょに力を合わせて仕事をやりたいと思う。そういう人とこそ共存共栄ができるんだと思います。販売店さんの中でだれが、経営をカッチリ自主的にできないような人と共存共栄をお考えになりますか。皆さんがしっかりなさってこそ、代理店さんとの共存共栄も成り立つのです。またその反対も同じことです。

このように、私が申しあげている共存共栄と自主責任経営はまったく矛盾しません。それどころか自主責任経営があってこそ初めて、共存共栄は成り立つんです」

# V-5

## 経営の価値

松下電器が危機に直面していたある会社の経営を引き受けたときのことである。調べてみると、その会社は非常にすぐれた技術を持っている。しかし、そのすぐれた技術を生かすべき経営に当を得ていない面があった。そこで幸之助は、二人の担当者を派遣し、再建にあたらせた。

そのとき松下電器は、すでにその会社の株の六五パーセントを保有していた。したがって経営者の派遣は当然のことではあった。しかし、幸之助は、経営力導入のロイヤリティとして売上げの一パーセントを松下電器に納めるよう要求し、承諾させた。

一年ほどたって、派遣していた担当者の一人が幸之助のところにやってきた。

「社長、あれはちょっと殺生《せっしょう》ですな」

「何が殺生なんや」

「一パーセント出すというのは非常につらいですよ」

「ああそうかね。しかし、きみのところは幸いうまくいってるやないか」

「そりゃ私も一所懸命やってるんですから。ところで、あれ、まかりませんか」

「いや、そりゃあ、まけてもええんやったらいつでもまけるよ。その代わりにきみには帰ってきてもらうよ」

「そりゃおかしいですよ」

「おかしいといってきみ、きみがやっているから一パーセントもらうんや。きみが会社におれば、会社の重要な仕事をやってもらうから、あるいは今納めてもらっている一パーセント以上の利益をあげるかもわからん。そういうすぐれた人を向こうへ派遣しているという事実は、無にできんじゃないか。きみはまけてくれと言うけれど、あにはからんや、きみが行っているからもらうんだよ。だから、きみが堪忍《かんにん》してくれと言うんだったら、きみはこっちへ帰ってこいということや。わしはどっちでもええで」

以来、その担当者からまけてほしいとの申し出は二度と出なかった。

V-6

# お店に学ぶ

昭和三十二、三年ごろのこと、出身地である和歌山市を訪れた幸之助は、用事をすませたあと、少し時間があるからと街を見てまわった。

案内役の松下電器の現地責任者が、車をまず郊外の、昔、幸之助が通学した小学校のほうへ向けると、「小学校へはあまり行かなんだ。たしかそのへんに掘割があったんやがな。そうや、このへんやったな、ようザリガニを捕りに来たもんや」と、感慨深げにすっかりくつろいでいた。

ところが、車がいったん市街地に入ると、話題は急転して発足したばかりのショップ店制度の推進状況になり、契約した店を外から見てみようということになった。店に近づくと車を徐行させ、仔細に店の構え、看板の様子、店頭や店内の商品や展示物にまで目を注いだ。そこで幸之助が責任者に尋ねたのは、店の主人に、松下電器と契約してよかったと喜んでもらっているかどうかと、店の売上げは増えたのかという二点であった。

店の経営内容を即座に答えられるようにと、数字を頭に入れて緊張していた責任者は、肩の力がスーッと抜けて、〝店づくりの原点〟を改めて教えられた思いであった。

「勉強するお店は店相がよいもんやな」

「看板はよう工夫せんといかんな」

「きみ、もっと勉強しいや。わからんことがあったらな、お店へ行って教えてもらうことや。それが一番や」

V-7

# 労組結成大会での祝辞

終戦直後の民主化の波の中、各地で労働組合が生まれつつあった。昭和二十一（一九四六）年一月、松下電器においても労働組合が結成され、その結成大会が大阪中之島の中央公会堂で開かれた。

「社長として祝辞の一つも言わねばなるまい」

大会が開かれると聞かされたときからそう考えていた幸之助は、当日、会場へ出向いた。満員の盛況である。

しかし、祝辞を述べたいという幸之助の希望は、すぐには容《い》れられなかった。

「少々お待ちください。みんなと相談しますから」

議長が会場に向かい、幸之助の祝辞を受け入れたものかどうか賛否を問うている。「やめとけ」「出ていけ」「いや聞いてやれ」という意見が入り乱れ、騒然となったが、結局、大方の賛意が得られ、幸之助はやっと登壇を許された。

「これからの日本は、破壊された状態から復興へと立ち上がる大切な時期だ。労働組合の誕生は、真の民主主義に基づく新しい日本を建設する上において、非常に喜ばしいことであり、私は心から祝意を表したい。私は基本的には労働組合に賛成するものである。組合ではいろいろなことが決議され、また会社に対して提案や要望も出てくるであろう。それが国家国民のため、皆さんのためになることであれば、喜んで聞いていこう。けれども聞くべきでないことは聞かない。そしてともどもに力を合わせて日本再建に努力していこうではないか」

三分間ほどの短い祝辞であったが、会場から割れんばかりの大拍手が湧き起こった。

その晩、大会に来賓として出席していた社会党の代議士が幸之助を訪ねてきて、こう言った。

「私は長いあいだ労働運動を続け、ずいぶんたくさんの労働組合をつくってきたが、どの組合でも社長、経営者の悪口を言っているし、経営者のほうでも労組の結成式などには出てこない。しかし、あなたは敢然《かんぜん》として出席し、満場の拍手喝采を受けて引きあげた。こんなことはあなたが初めてだ。私は非常に感銘した。だからこうして来たのです」

V-8

# きみはなぜ学校を出られたか

ある課長を、工場長に任命したときの話である。最近の仕事のことなどについてひとしきり懇談していたが、幸之助は突然話題を変えて、こんなことを聞いた。

「ところできみ、学校はどこを出ているのや」

「はあ、神戸高商を出ています」

「そうか、神戸を出て、うちに入ってくれたんやな。それじゃあきみ、なぜ神戸高商を出ることができたんや」

「そうですねぇ、一つは父親がある程度金を持っていたからだと思います」

「うん、他に何かないか」

「もう一つは私の成績がそこそこだったこと。この二つが大きな要因だと思いますが……」

「そうか、もうないか」

「………」

「きみ、その学校はだれが建てたんや。まさかきみの親父さんが建てたんとちがうやろ。それは確かにきみの成績もよかったし、親父さんがある程度金を持っていたから学校へ行けたわけやけれど、その学校はいったいだれが建てたんや。国が建てたのとちがうか。国が国民の税金で建てたのやろ。その税金はといえば、きみと同じ年で、小学校を出てすぐに働いている人たちも納めている。ということは、きみが学校を出られたのは、きみと同年輩の人たちが働いて学校を建ててくれたから、ということにもなるな……ちがうか」

「そのとおりです」

「そうするときみは、小学校を出て働いている人たちよりも、数倍大きい恩恵を社会から受けていることになるが、きみ、それはわかるな」

「はい」

「とすれば、きみはそういう人たちの数倍のお返しを国なり社会にしなくてはいけない。ぼくはそこのところが非常に大切だと思うんやが、どうやろ」

「確かにおっしゃるとおりです」

「きみ、ほんとにそのことがわかるな」

幸之助は念を押すように問い返すと、こう続けた。

「それがわかったらきみ、今晩すぐ電車で名古屋へ行ってくれ。きみに名古屋の工場長をしてもらおうと思うんや。それがわかってさえいれば、きみは工場長がすぐできる」

# Ⅴ-9
# 万国博の日傘

昭和四十五（一九七〇）年に開かれた大阪万国博覧会の松下館は、会期中、七六〇万人という入場者でにぎわったが、開館まもないある日、つぎのようなことがあった。

入場者の整理のため、入館待ちをしている人々の列を映し出す事務室のテレビ画面に、どういうわけか幸之助の姿が映っている。

〝いつも来られるときは事前の連絡があるのに、いったいどうしたことだろう〟と驚いた副館長が、あわてて飛んでいって、「どうされたのですか」と尋ねた。

「いや、何分くらい待ったら入れるのか、今、計ってみているのや」

その日、幸之助は、できるだけ待ち時間を少なくするために、館内への誘導法を考えよ、夏に備えて待つ人のために日よけをつくっておくように、という二つの指示を出している。

その結果、館内への誘導の仕方が改善され、夏には暑さをしのぐために野立て用の大日傘が立てられるとともに、入場待ちの人たちに紙の帽子が配られるようになった。

## V-10

# 叱られて感激

モーターの代理店が集まって、会議を開いたときのこと。幸之助が話をし、そのあと質疑応答に移った。さまざまな質問が出たが、ある人がこう言った。

「松下さんには、現金もしくは二カ月の手形で支払いをしております。しかし、このモーター業界というのは、そんな業界ではないんです。四カ月の手形、五カ月の手形というものもある。大きな会社ほど、そういうものです。まして、昨今の非常に悪い経済情勢下ではお得意先の中には倒産して回収不能になるところもあります。にもかかわらず松下さんは、現金もしくは二カ月までの手形で、三カ月以上になったら利息をとる。これはちょっと厳しすぎることはありませんか」

その質問を聞いて、それまでニコニコしていた幸之助の顔が厳しい表情になった。

「私どもは、モーターであっても、どんな商品であっても、全身全霊を傾けてつくっているんです。それを倒れるようなところへ売るとは、いったいあなたはどういう了見ですか。

もしそういうことであるなら、もうこの仕事はやめてください。私らの汗と脂《あぶら》を何と思っておられるんですか！」

激しい口調であった。しかし、そのあと、幸之助の表情がホッと和らいだ。

「まあ、そうですけどね。いろんなケースがあると思いますから、遠慮なく相談してくださいよ」

ところが不思議なことに、会議のあとの懇親会の席で、その代理店の人は、〝きょうは松下さんに叱られた。しかし、松下さんの言われるとおりだ〟と感激の面持《おもも》ちだった。

## V - 11

# 北海道のメガネ屋さん

昭和三十九（一九六四）年秋、幸之助は、北海道のあるメガネ店の主人から一通の手紙を受け取った。そこには、ていねいな文章でこんなことが書かれていた。

「実は、先日、テレビであなたの姿を拝見しましたが、あなたのかけておられるメガネは、失礼ながら、あなたのお顔にはあまり合っていないように思います。ですから、もっとよいメガネにお取り替えになったほうがよろしいかと思います」

幸之助は、ずいぶん熱心な人がいるものだなと思い、すぐ礼状を出したものの、その後忙しさにとりまぎれ、そのことをすっかり忘れてしまっていた。

ところが、翌春、北海道へ行き、札幌の経営者の集まりで講演したとき、その主人が面会を求めてきた。

「私は、この前、あなたにお手紙を差し上げたメガネ屋です。あなたのメガネは、あのときと変わっていないようですから、私の手でぜひ直させてください」

その熱心さに、幸之助はすべてを任せることにした。その夜、ホテルに店の番頭を連れてやってきた主人は、見本として持ってきたメガネを幸之助にかけさせて、顔とのつり合いやかけ具合などをていねいに調べた。

「十日ほどでできますので、でき次第お送りします。でも、まだ気がかりな点が残っています。これまでのメガネはずいぶんと前のもののようですから、これをお買いになられたあと、あなたの目の具合が少し変わられたかもしれません。できればあすにでも十分ほどで結構ですから、私の店に寄っていただけませんか。改めて調べたいのです」

十分くらいならと、日程をやり繰りしてその店に立ち寄ってみると、そこはまるでメガネの百貨店、三〇人くらいもいる若い店員たちがキビキビと働いていて、客も満員の盛況である。

幸之助は聞いてみた。

「なぜ、あなたは、わざわざ手紙をくださったんですか」

「メガネをかけるのは、よく見えるようにするためですが、見えるというだけでは十分ではありません。メガネは人相を変えるものですから、顔にうつるメガネをかける必要があります。

特に、あなたの場合は外国へも行かれるでしょう。もし、あなたが、あのメガネをかけてアメリカへ行かれたら、アメリカのメガネ屋に、日本にはメガネ屋がないのかと思われかねません。そんなことになれば、まさに国辱ものです。ですから、それを防ぐため、私は失礼をも顧みず、あえてあんなお手紙を出させていただいたのです」

幸之助は大阪に帰るや、社員にさっそくこの話を披露し、「お互い、このメガネ屋さんのような心構え、心意気で仕事に取り組みたいものだ」と呼びかけた。

V - 12

# 手にあまるほどの名刺

昭和十（一九三五）年、個人企業から株式会社に改組した松下電器は、すでに従業員五〇〇〇人に近い大企業に成長していた。

そのころある工場の主任が、電話で幸之助に呼び出された。

「どや、しっかりやっているか。暇やったら家のほうへ来ないか」

何ごとかと思いつつ西宮の自宅を訪ねると、幸之助はすでに外出の身仕度を整えている。

「デパートまわりをしようと思ってるんや。名刺を持っていっしょについてきてや」

渡された名刺は手にあまるほどの数である。

〝なんでこんなにぎょうさん〟

そのときはいぶかしく思ったが、やがて納得した。

デパートに行くと幸之助は、経営者へはもちろん、電器売り場の責任者から女性店員一人ひとりにまで挨拶し、名刺を渡していく。

「松下です。よろしゅうお願いします。うちの製品の評判はどないですか」

これを阪急から始めて、大丸、そごう、髙島屋……と続けていく。途中、幸之助は言った。

「きみ、工場で物つくってばかりいるのが能やないで。販売店の人たち、消費者の方々をよく知り、大切にしなあかん」

## V‐13

# 涙の熱海会談

昭和三十九（一九六四）年当時といえば、各業界とも深刻な不況に直面しつつあった。電機業界もその例外ではなく、全国の松下電器系列の販売会社、代理店も厳しい状況にあるという。ただならぬ事態を察知した幸之助は、一度その実情を自分の耳で確かめてみたいと、その年の七月、熱海ニューフジヤホテルに全国の販売会社、代理店一七〇社の責任者を招いて懇談会を開いた。

いざ会談のフタを開けると、集まった販売会社、代理店の責任者の口からは、松下電器の行き方に対する非難が異口同音に発せられた。

「うちは松下以外のものは扱っていない。松下のものだけだ。それで損をしている。赤字だ。どうしてくれるんだ」

「親の代から松下の代理店をやっているのに赤字続きだ。いったい松下はどうしてくれるのだ」

中には儲かっている販売会社、代理店もあるが、それは一部だけで、会談の一日目はそうした不満の声を聞きつつ終わった。

二日目に入っても、出てくるのは一日目同様、松下電器に対する不満ばかりである。それに対し幸之助も反論した。

「赤字を出すのはやはり、その会社の経営の仕方が間違っているからだと思います。皆さんは松下電器に甘えている部分がありはしませんか」

そうこうするうちに、二日間の予定で開かれた会談は一日延長され、三日目に入った。しかし、三日目になっても苦情は出続けた。幸之助はこのままで終わってはいけない、何か結論を出すべきであると考えたが、結論といってもどのような結論があるのか。相変わらず議論は平行線をたどっている。そんな中で幸之助は、これまでのお互いの主張を静かにふり返ってみた。

〝不平、不満は、一面、販売会社、代理店自身の経営の甘さから出てきたということもできる。しかし、考えてみると、松下電器にも改めねばならない問題がたくさんあるのではないか。責任は松下電器にもある。いや責任の大半が松下電器にあるのではないだろうか〟

幸之助は、壇上から語りかけるように話しだした。

「皆さん方が言われる不平、不満は一面もっともだと思います。よくよく考えてみますと、結局は松下電器が悪かったのです。この一語に尽きます。皆さん方に対する松下のお世話の仕方が不十分でした。不況なら不況で、それをうまく切り抜ける道はあったはずです。それができなかったのは松下電器の落ち度です。ほんとうに申しわけありません。

今私は、ふと昔のことを思い出しました。

昔、松下電器で電球をつくり、売りに行ったときのことです。『今はまだ幕下でも、将来はきっと横綱になってみせます。どうかこの電球を買ってください』、私はこうお願いして売って歩きました。皆さんは、『きみがそこまで決意して言うなら売ってあげよう』

と言って、大いに売ってくださいました。そのおかげで松下電器の電球は一足飛びに横綱になり、会社も盛大になりました。

そういうことを考えるにつけ、今日、こうして松下電器があるのは、ほんとうに皆さんのおかげです。私どもはひと言も文句を言える義理ではないのです。これからは心を入れ替えて出直します」

そう話しているうちに、幸之助は目頭が熱くなり絶句してしまった。会場もいつしか静まり返り、出席者の半分以上は、ハンカチで目を押さえていた。

三日間にわたる激論の結果、懇談会は最後に心あたたまる感動のうちに終わった。販売会社、代理店、そして松下電器はお互いに気持ちを引き締め合った。

この会談のあと、八月一日から、病気休養中の営業本部長を代行した幸之助を中心に、新しい販売制度が生み出され、その新制度のもとに協力体制が敷かれて、一年後には事態は好転した。

# V-14

# 反対者も協力者に

昭和四十（一九六五）年。二月から新販売体制をスタートさせることになった松下電器の各地区営業所長は、販売会社、販売店の理解を得るために奔走していた。

いよいよスタートも間近というある日、四国の営業所長のもとに、営業本部長から電話が入った。

「四国のご販売店の中でお一人、猛烈に反対されている方があるやないか。実はその人から電話があったのや」

営業所長は答えた。「まあ、そういう人もいますが、解決するのも時間の問題と思っております。ご安心ください」

そのとき急に、営業本部長に代わって幸之助が電話口に出た。

「これは社運を賭《と》しての仕事だから、一人でも反対があればやってはならないとぼくは思う。きみも、先方によくお話をして、わかっていただけるまではやらないと、そういう気

持ちでやってほしい。まあ、一週間かかろうが、一カ月かかろうが、とにかくわかっても
らえるまで、きみ、話さんとあかんで」

営業所長が時計を見ると、五時半であった。今からなら六時の汽車に間に合う。

「これからさっそく先方へ行ってお話ししてきます」

「そうか、そら結構なことや。ぜひひとつ頼むで」

反対している人からの電話に、すぐに営業所長を差し向けた幸之助の、また遅い時間にもかかわらず、その日のうちに出向いていった営業所長の熱意が伝わって、その後三回の懇談を経て、猛烈な反対者は頼もしい協力者に変わった。

＊対立しつつ調和するところに、初めてそれぞれの個性、特質が活きて生成発展が生まれる、と幸之助は考えていた。

## V-15

# わしはきょうから〝松下幸之助〟を売る

昭和二十四（一九四九）年、北海道営業所が主催する販売店の懇談会が、ある温泉地で行なわれた。

会が無事にすみ、後片づけをすませたころには、午前零時をまわっていた。営業所の社員たちは、一日の疲れで風呂にも入らず、すぐに寝てしまった。

翌朝早く、社員の一人が風呂を浴びに行くと、そこにはすでに、社長として前夜の懇談会に出席していた幸之助の姿があった。

「おはようございます。昨晩はお疲れさまでした。お背中を流しましょうか」と尋ねると、幸之助は、「それはありがとう。けれどもそこにお得意様がおられる。その方を先に……」

湯煙を透かして見ると、ある販売店のご店主が入っておられる。知っている顔でもあったので、社員は幸之助の言葉に従った。

懇談会が終わって数日後、その販売店の主人から営業所に電話が入った。

「すぐ来い」

実は、その販売店は他社の専売店で、お願いに行ってもなかなかナショナルの製品を置いてくれないところであったが、小売り組合の支部長をしているので、特別に懇談会に招いたのであった。

料理がまずかった、酒が少なかったと叱られるのかと、鎧冑《よろいかぶと》に身を固める思いで店に入った社員は驚いた。商品がすっかりナショナルに替わっていたのである。

「わしはなあ、風呂での松下さんにすっかり感激した。自分とこの社員に自分の背中を先に流させても当たり前なのに、自分より先にわしの背中を流させた。わしはきょうから〝松下幸之助〟を売る。わしはもう絶対にナショナルだ」

## V - 16

# ある問屋の立腹

昭和の初期、従業員が四、五〇〇人の町工場に成長し、信用も増しつつあったころである。

　ある日、店員の一人が得意先まわりで、ある問屋へ行ったところ、そこの主人がたいそう立腹している。

「おまえのところの品物を小売店に売ったら、評判が悪いといって返されてきた。だいたい電器屋というものはむずかしい技術がいるものだ。こんな品物をつくるくらいなら、電器屋などやらずに他のことをやったらいい。帰ったらオヤジにそう言っておけ！」

　店員は帰ると、そっくりそのまま報告した。幸之助は、さっそく自分でその問屋を訪問して謝った。

「このあいだはたいへんなご立腹で、申しわけありませんでした。店員から聞きましたが、ほんとうにすみませんでした」

　問屋の主人はかえって恐縮した。

「いや、恐れいった。腹立ちまぎれに強く言ったのだが、お宅の店員がまさか私の言ったことを、そのままあなたに伝えるとは思わなかった。失礼した。腹を立てないでくれ」

「いや腹を立てたりなどしません。これからはよく注意してなおいいものをつくりますから、今後ともよろしくお願いします」

V

このことがきっかけとなって、この問屋の主人は、以後、非常な松下贔屓《びいき》になった。

## V-17

# いくらで売ったらいいでしょう

幸之助が初めてソケットを考案製造したときのことである。ソケットをつくりはしたが、いわばまったくの素人、それをいくらで売っていいかがわからない。

そこで幸之助は、さっそく、できたソケットをふろしきにくるんで、ある問屋を訪れた。

「実は私のところでこういうものをつくったんです。お宅で扱っていただけませんでしょうか」

問屋はソケットを手に取って、いろいろ吟味する。

「いかがでしょう」

「うん、ええやろ。うちで売ってあげよう。ところで、いったいいくらやねん」

幸之助は適当な値段を言いたいところであったが、言えなかった。いくらで売ればよいものか、それがわからないのだからしかたがない。それで正直に話した。

「実は、いくらで売ったらいいものか、私にはわからんのです」

「わからんでは商売にならんで」

「もちろん原価はわかっとるんですが……」

「なるほど、原価がそれくらいなら、このくらいの値段で売ったらええな」

問屋がソロバンを置きながら考えてくれる。中には、世間の相場を考慮して、値段を考えてくれる問屋まであった。

幸之助が商売を始めた当初は、こうした姿のくり返しであった。

V - 18

## 真の意見を聞くために

アメリカ松下電器の出向者のもとに、幸之助の秘書から電話がかかった。

「あす、帰国してくれませんか」

何の用件なのか、まったく想像もつかない。取り急ぎ、翌日の飛行機で帰国した。大阪空港に秘書がわざわざ迎えに来ている。こんなことは初めてである。

翌朝、幸之助のもとに行くと、「急に帰ってもろうてすまんかったな」と言いながら、一枚のメモを手渡した。そこには一五、六名の名前が並んでいた。いずれも昔からの代理店のオーナーであったり、旧知の人々であった。

「きみ、すまんけど、一週間でこの人々全部に会って意見を聞いてもらいたいんや」

何ごとかと帰ってみたら、アメリカ松下の仕事とは何の関係もない、国内の有力なお得意先をまわって、現在の営業に関する率直な意見を聞いてほしいというのである。

なぜ私が、といぶかる出向者に、

「きみは今、アメリカにいるだろう。だからこの方々に会って、『久しぶりに日本の営業を勉強しに来ました』と言えば、皆さんは必ずほんとうのことを話してくださる。ありのまま、感じたままを話してくださる。ぼくが、営業本部のだれかに頼んで聞いてもらっても、皆さん遠慮されて、耳あたりのいいことだけしか話してもらえない。だからきみに頼みたいんや」

それから一週間後、出向者は聞いてきた率直な意見をレポートにまとめ、提出した。幸之助は、「ご苦労さん、疲れたやろう。せっかく帰国したのだから、二、三日家族とゆっくりくつろいでいったらいい」とねぎらった。そしてこのときの出張旅費から先方への手みやげ代など、すべて秘書のほうで処理をさせ、仕事上のけじめをきちんとつけた。

V - 19

# きみは代理店の番頭やで

東京のある代理店が倒産した。東京営業所長は、直ちに再建策をつくって奔走したが、それまで懸命に手伝いをしてきた会社の倒産であっただけに、裏切られたような気がして、代理店の社長を厳しく批判した。そのとき、そばにいた幸之助がこう言った。

「きみ、きみは営業所長やで。営業所長というのは、代理店さんの番頭なんや。ご主人が失敗せんようにガッチリ守っていくのが番頭やないか。きみはご主人が失敗したというて怒っているが、私に言わせればきみの失敗や。きみが番頭として、しっかり見ておれば、こんなことにはなっていなかったんやないか」

## Ⅴ-20

# 散髪とサービス

幸之助はふだん、十日か二週間に一度の割で、時間をやり繰りして散髪することにしていた。それは以前、東京・銀座のある理髪店で、店員に、「松下さんの頭はいわばナショナルの看板と同じですよ。だからもっと手入れをしてもらわなければ」と注意されて以来、少々忙しくても続けている習慣であった。

あるとき、その行きつけの店で店員がこう言った。

「やはり商売というものはサービスが大切ですから、きょうは特に念入りにやりましょう」

「それはありがとう」

その結果は、いつも一時間で終わる散髪が一時間十分かかった。店員はサービスだということで、十分間多く手間をかけてくれたのである。そこで幸之助はこう言った。

「あなたがサービスしようという気持ちでおられることは、非常に結構だと思う。しかし、念入りにやるから十分間余分に時間がかかるということであっては、徳川時代ならいざ知らず、スピードが尊ばれる現代では真のサービスにはならんのじゃないですか。もしあなたが、念入りに、しかも時間も五十分でやるということであれば、これが立派なサービスだと思いますがね」

それからしばらくして、幸之助が再びその店に行くと、今度はハサミさばきも鮮やかに五十分で立派に仕上げてくれた。

V

# VI

## VI - 1

# 人情に厚く人情に流されない

昭和二（一九二七）年に新設した電熱部は、幸之助が同じ大開町に住む友人である米屋の主人と共同出資のかたちで始めたものである。当初その経営は友人が受け持った。しかし、電熱部はスーパーアイロンという人気商品を出しているにもかかわらず、かなりの期間にわたって赤字の状態が続いた。やがて幸之助は、意を決して自分の思うところを率直に訴えた。

「電熱の仕事はきみもやりたい、ぼくもええやろうということで始めたが、正直なところ失敗やったと思う。しかし、その原因はきみにあるのではない。ぼくが素人のきみに経営を全部任せきりにしていたのが原因だ。だから、この欠損は全部ぼくがかぶるから、きみにはこの際、手をひいてもらえんやろか。せっかく共同経営を始めたのに残念やけど……」

心やすくしていた友人に対してではあったが、幸之助はきっぱりと言った。

「一日考えさせてくれ」と言って友人が帰った翌朝の五時ごろ、幸之助の家の表戸をドンドンと叩く者がある。戸を開けると、その友人が思いつめたただならぬ表情で立っていた。

「ゆうべは一睡もできず、夜通し考えたんやが、わしはどうしてもやめる気にはならん。決心した。米屋をやめてもかまわんから、もう一度やらしてくれんか」

「……」

「頼む！」

「よし、そやったらきみ、いっそ松下に入らんか。うちの店員になってくれるというんやったら、きみに電熱部の仕事を改めて手伝ってもらおう。奥さんが米屋をやるぶんには一向にかまわんから」

友人はその条件をのんだ。

兼業の友人との共同経営というあいまいなかたちを改め、真剣に仕事に取り組むよき店員を得て再スタートした電熱部の経営は、その後ほどなくして軌道に乗った。

Ⅵ - 2

# 借金依頼を断わって感謝される

かつて金融が逼迫《ひっぱく》して、いわゆる金づまりのおりに、ある友人が、五〇〇〇万円ほど融通してほしいと、幸之助のところに頼みに来た。

話を聞いてみると、売掛金の回収が思うようにいかず、銀行にもある程度は借りたが、もうこれ以上は、と断わられたという。

「銀行でもダメだというものを、ぼくに貸せるわけがないじゃないか。いったいその売掛金はいくらあるんだね」

幸之助は尋ねた。

「二億五〇〇〇万円ほどある」

「きみ、それだけ債権があるんなら、集金したらいいじゃないか。五〇〇〇万円くらいわけはないだろう」

「いや、こういう金づまりのときだから、お得意先も困っている。ふだんのとおりの集金でも精いっぱいなのに、例月以上もらうことはとても無理だよ」

幸之助は、一面そのとおりだと思ったが、あえてこう言った。

「しかし、きみのところは、今、尻に火がついているのだろう。いわば非常時じゃないか。その実情を率直に話して、支払いをお願いしてみてはどうか。二億五〇〇〇万円全部というわけではない。そのうちの五〇〇〇万円分だけでいいのだから、それくらいは、お得意先のたいていのところは払ってくれると思うがね」

「しかし、そんなことをしたら、会社の信用を落としてしまわないかと心配なんだ」

「それは、きみ、心配ないと思うよ。売掛金はあくまで貸し金なのだから、いただくのが当然だ。いわば先方には払う義務があるわけだ。けれどもお得意先は、きみの会社が余裕を持って楽々とやっていると思い、つい安心して支払いがルーズになっているのだろう。だから実情を知れば、必ず払ってくれるよ。それをきみ、貸し金を取り立てようともせず、新たに借金をするなどということをすれば、それは商道に反することだから、かえって信用を落とすことになるんではないかね」

それからしばらくして、その友人がまた幸之助を訪ねてきて言った。

「松下君、実はきょうは礼に来たのだ。

きみが言ったようにお得意先にありのままを話してお願いしたところ、大いに同情されてね。おかげで五〇〇〇万円のつもりが七〇〇〇万円も集金できた。それだけではなく、〝しっかりやってくれ〟と激励もされて、これまで以上に品物を仕入れてくれるようになった。

これまでは体裁ぶって集金をルーズにしてきたが、これからはもっと真剣に、キッチリとした商売を心がけていくつもりだ。ありがとう」

## VI - 3

# 従業員のことを思うと……

大正十四（一九二五）年、幸之助は近隣の人たちの推薦を受けて、大阪市の連合区会議員の選挙に立候補、当選したが、その選挙運動を通じて十七歳年長のある区会議員の知遇を得た。

ある日、幸之助は街角で偶然この人に出会い、久しぶりだということで、レストランに誘われた。〃お茶でも〃という幸之助の心づもりに反してこの人は、豪華なランチを二人前注文した。ところが運ばれてきた食事に幸之助は容易に手をつけようとしない。

体の調子でも悪いのかといぶかる相手に、幸之助は申しわけなさそうに答えた。

「従業員の人たちが今、汗水たらして一所懸命に働いてくれていることがふと頭に浮かびましてね。それを思うと、私だけこんなご馳走を、申しわけなくてよう食べんのです」

感銘したこの人は、以後いっそう幸之助に対する信頼を深め、のちにはついに、自分の商売をやめて松下電器に入り、幸之助に協力することになった。

## Ⅵ-4

# 一人も解雇したらあかん

昭和四（一九二九）年五月、松下電器は待望の第二次本店・工場の新築がなり、第二の発展期を迎えた。従業員約三〇〇名、まだ町工場の域を出ないとはいうものの、発展に発展を続ける姿は業界でも目立つ存在であった。

そんなおりもおり、世界恐慌が起こった。国内では濱口内閣が緊縮政策をとり、ほどなく金解禁を断行、経済界は萎縮し、不況が深刻さを増していた。そこへ世界恐慌である。産業界は二重の打撃を受け、株価は暴落、企業の倒産が全国に広がった。労働争議が起こり、農村では娘の身売りが相次ぎ、社会問題になっていた。

電機業界でも多数のメーカーが倒産したが、松下も販売が半分以下に急減、たちまち在庫が増え、十二月には倉庫がいっぱいで製品の置き場もなくなるという創業以来の深刻な事態に直面した。

そのころ幸之助は病床にあった。幸之助に代わって采配を振るっていた二人の幹部が、対応策を持って幸之助を訪ねた。

「オヤジさん、販売が半分に減り、倉庫は在庫の山です。この危機を乗り切るためには従業員を半減するしかありません」

報告を聞き終えた幸之助は、しばらく沈思してから口を開いた。

「なあ、わしはこう思うんや。松下がきょう終わるんであれば、きみらの言うてくれるとおり従業員を解雇してもええ。けど、わしは将来、松下電器をさらに大きくしようと思うとる。だから、一人といえども解雇したらあかん。会社の都合で人を採用したり、解雇したりでは、働く者も不安を覚えるやろ。大をなそうとする松下としては、それは耐えられんことや。みんなの力で立て直すんや」

そして具体的な方法を示した。

「ええか、生産を直ちに半減して、工場は半日勤務にする。しかし従業員の給料は全額を支給する。その代わり、店員は全員、休日を返上し、在庫品の販売に全力をあげてもらおう」

この決断は従業員を奮い立たせた。

「さすがはオヤジさんだ。みんなで力を合わせてがんばろう」

社内にたれこめていた暗雲は瞬時に吹き飛んでいた。

それから二カ月、全員のしゃにむにの努力が実を結び、在庫は一掃されて倉庫は空になった。

社員の結束力が、いっそう強まったのは言うまでもない。

## Ⅵ-5

# 思いがけない餞別

昭和二十四（一九四九）年、戦後の混乱の中で、松下電器はそれまでの歴史にはない、解雇や依願退職を募るという異例の対策を講じつつあった。そうした中で、戦前からデザイナーとして勤務していた社員が、画家として立つことを決意して退社した。

依願退職の届けを出し、大阪から東京の実家に戻り、絵かきとして独立するというその社員に、幸之助は、東京に帰ってもすぐ食えるとは限らないから、自立できるまでは東京の支店に嘱託《しょくたく》として顔を出せと、例外的な処置をとってくれた。

大阪を去る日、幸之助に挨拶ができなかった社員は、東京に戻って一カ月もしたころ、改めて大阪に幸之助を訪ねた。

ひととおりの挨拶のあと、幸之助が尋ねた。

「きみは自分の意志で、自分で依願退職をしたのかい」

「はい、そうです」

「それじゃあ、きみ、損じゃないか。それならぼくに相談してくれたらよかったのに」

そのあとの幸之助の言動に社員はびっくりした。幸之助は、「それならきみをクビにしてやるよ」と言って即座に人事部長を呼んだ。履歴の上で傷がつくというのでなし、社内的な処理ですむことだから、クビにしてやるというのである。

こうして社員は、天下晴れてクビになり、依願退職から解雇への手続きの変更によって、前に受け取った退職金より多くの差額を手にすることになった。「それが松下さんから私への、思いがけずもありがたい餞別《せんべつ》だったのである」と、画家として成功したその社員はのちに回想している。

## Ⅵ-6

# 「紅白歌合戦」のマイクロホン

マイクロホンの研究開発を担当していたある社員の夢は、ＮＨＫの「紅白歌合戦」でナショナルのマイクロホンを使ってもらうことであったが、十年に及ぶ努力が実を結んで、ある年、ついに自分が開発したマイクロホンが採用されることになった。

それでも、ほんとうに使ってもらえるのかどうか、直前まで心配で心配でたまらない。十二月三十一日の午後のリハーサルで、紅白のリボンがマイクロホンにつけられるに及んでようやく確信を持った社員は、そのときになって初めて幸之助の秘書に電話をかけた。

「今晩、『紅白歌合戦』にナショナルのマイクロホンが出ますから、ぜひ見てくださいと、そうお伝えください」

するとしばらくたって、秘書から電話が入った。

「あなたの言われたことを申しあげたところ非常に喜ばれて、『必ず今晩は見るから、私が見ているということを彼に伝えてほしい』と、そうおっしゃっています。あなたの電話番号を調べるのには苦労しましたよ」

## Ⅵ-7

# 大忍

上から数えて二十五番目の取締役が社長に就任した、昭和五十二（一九七七）年二月の松下電器の社長交代は、その意外さで世間をあっと言わせ、マスコミ、財界の格好の話題となった。その新社長の就任からしばらくして、当時相談役だった幸之助が社長室に、一枚の額を持って入ってきた。「大忍」という字が書かれ、〝松下幸之助〟と署名してあった。そして、こう言った。

「自分も同じ額を部屋にかけておく。きみがこの額を見るとき、私も見ているだろうと思ってくれたらいい」

そのときのことをその社長は退任後、自分の著書の中でこう述べている。

「社長就任以来、私はみずからの信じるところをやってきたし、いうべきことも率直にいってきた。ときには、そうした言動が相談役の気に沿わぬこともあったかと思う。実際、人事や施策について意見が一致しないこともままあった。

そのため『葛藤《かっとう》があるのではないか』などと噂を立てられもした。また、決定が早く、性急でさえあった私の態度をみて、『あの男はクールで話しにくい』といった声も聞いた。相談役は、こうした私を心配してくれたのだと思う。人間、ときには辛抱も必要ということを私に教えるために『大忍』の額をわざわざ持参されたと思う」

## Ⅵ-8

# 何にもまさる〝退職金〟

昭和二十二（一九四七）年、十五歳から松下電器に勤務していた社員が、独立した元幹部の興した新会社に参加することになった。

退社の挨拶に訪れた社員に、幸之助は言った。

「きみは二十六年間、うちで働いてくれたわけだが、うちに対してなんぞ意見があったら聞かせてくれないか」

やむない事情で退社することになったとはいえ、いわば子どものころから長年勤務した松下電器に人一倍の愛着を感じていた社員は、二時間あまり、思いのたけをこめて私見を披瀝《ひれき》した。その間、電話も来客もいっさい取り次がせず、じっと聞いていた幸之助は、話が終わると、しみじみとした口調でこう言った。

「そうか、よくわかった。わしは、きみを手放すのが惜しゅうなったなあ。もうちょっと早う聞いていたら、きみをやめささんかった。けど、もう新しい会社の社長に、きみを連れていっていいと約束してしもうたからなあ。しかたない。惜しいことしたなあ」

こんなうれしい言葉にまさる〝退職金〟が他にあるだろうか。「ありがとうございます」と、社員は内心、感涙にむせんだ。

## Ⅵ - 9

# 長男を亡くした親友への励まし

親しくつきあっていた製菓会社の社長の長男が、昭和二十五（一九五〇）年、三十九歳の若さで急死した。次男、長女もすでに亡くなっており、たった一人残った長男はまさに社長にとっての宝物であった。次期後継者として心に決め、すでに専務の要職につけて期待をかけていただけに、社長の落胆ぶりはひどかった。

葬儀に集まってきた親類縁者たちは、口をそろえて、「あんたは全国に事業を広めているが、すでに六十歳。孫は八歳でこれが成長して事業を行なうようになるまでは、あんたの健康はおぼつかない。大阪の『粟《あわ》おこし』のように大阪一円だけに縮小したらどうか」と勧めた。

社長は困りはて、悲報を聞いて駆けつけた親友の幸之助に相談した。

「たいへんだったなあ。これからというときに、まったく惜しい。しかしいつまでもくよくよしても始まらない。やる他道はあるまい。やりなさい。どんどん事業を進めることが息子さんのためにもいいことなんだ。息子さんもそれを望んでいよう。息子さんの死を乗り越えて、あんたは事業に生きるしか道はないんだ。いいよ、私もあんたとこの重役になろう。出資もしよう。もしあんたが倒れたら、うちの社員を連れて、このわしが加勢に来るからな」

幸之助はそう言って、友人の肩をゆすぶり力強く励ました。社長は、幸之助の友情に心から感謝し、息子の死を乗り越え、事業の鬼になることを心に誓った。

＊この社長は、江崎グリコ創業者・江崎利一氏である。幸之助も長男・幸一を夭折《ようせつ》させており、その心情はよく理解していたものと思われる。

## Ⅵ - 10

# ちょっと手を出せ

戦後まもなく、会社の再建期に、各地の営業所長と事業部長との合同会議が開かれているときのこと、幸之助の横に座って、社長を補佐しつつ議事を進めていた営業所長のところに、緊急の電話が入った。母親が死去したという知らせであった。幼少で両親を失った彼は、その後、伯母を養母としていたが、その養母が亡くなったのである。

席に戻った営業所長は幸之助に、そっとその事情を説明し、会議が終了するのを待って帰宅することを告げた。しかし、幸之助は許さなかった。さっそく会議を中断、彼を社長室にいざなってから言った。

「今からすぐに帰りなさい」

そして、「ちょっと手を出せ」と、当時まだ珍しかった千円札を一〇枚、その手に握らせた。

# Ⅵ - 11 心のこもったお弁当

昭和三十三（一九五八）年五月、幸之助が工場建設候補地の検分のため、神奈川県湘南地区を訪れた。辻堂工場と蓄電池工場の責任者が案内役を務めて、何カ所かを丹念に調べ、終わった時刻は十二時を少し過ぎていた。

幸之助は昼食をとろうと、車を稲村ヶ崎へと向けさせた。

「わしなあ、ゆうべ新橋の鮨《すし》屋へ、握り五人分を朝つくっておいてくれと頼んでおいたんや。けさ出しなに持ってきた。磯でお弁当開くのもええやろ」

波打ち際にござを広げて、秘書が弁当を配ろうとしたとき、幸之助は、

「きみ、そのうち二個に小さなひもで印をしてるやろ、それが関東味できみとA君の分や。

三個は関西味で、B君とC君とわしの分や」

この気くばりに四人の社員は恐縮し、そして感動しつつ弁当を味わった。

# Ⅵ - 12

## 心の通い合い

昭和三十八（一九六三）年のこと、東京のある出版社の社長が、真々庵《しんしんあん》に幸之助を訪ねた。社長にとって幸之助との会話や庭の風景は、たいへん楽しく心洗われるものであった。そのためつい長居をして、三十分の予定が一時間以上も超過してしまった。

帰りの列車の時間が迫っていた社長が、慌てて真々庵を辞去したあとで、幸之助は、「昼食はどうした」と、社長を案内してきた社員に尋ねた。

「社長の秘書の方が、『せっかくお話をさせていただいておりますので、昼食はお話がすんだあとで結構です』と言われましたので、お話が終わるのを待っておりましたが、時間が超過し、お帰りを急がれましたので、心ならずも昼食をさしあげられませんでした」

と答えると、幸之助は、

「大事なお客様に対して、なんと失礼な。すぐ京都駅へ行ってお詫びをしてきなさい」

と叱った。

社員が京都駅に駆けつけると、社長は東京行きのホームの端のほうで、ひとり静かに空を仰いで考えごとをしているようであった。

平身低頭、お詫びを言うと、

「いやいや。いいお話を聞かせていただき、何よりのご馳走でした。これ以上お腹《なか》に入りませんよ。松下様にくれぐれもよろしく」

その言葉に、社員はまた敬服した。

Ⅵ-13

## 真夜中の出社

PHP研究所がまだ真々庵にあった昭和三十年代のことである。幸之助は、非常に懇意にし、尊敬もしていた経営者の葬儀が翌日にあるということで、友人代表で読む弔辞の作成に取り組んでいた。研究部員も手伝って何度も何度も検討し、幸之助も納得して、心を尽くした弔文ができあがった。さっそく毛筆の達者な女性所員が和紙に清書をして、弔辞は幸之助に手渡された。

ところがその夜、弔辞を読む練習をしていた幸之助は、友人に対するあれもこれもの思いがさらにつのってきて、この弔辞ではどうしてもものの足りなくなった。しかし、時間もなく書き直しはできない。

そこで、ハサミで文面をつぎはぎしての修正を試みた。が、うまくいかず、ついにはズタズタになって収拾がつかなくなってしまった。幸之助は、晩遅くなってから、やむを得ず研究部の責任者を呼び出した。

あいにく筆が苦手だった責任者は、入所してまもない若い部下を車で下宿先まで呼びに走った。寝入りばなを起こされた部下は、真夜中の呼び出しに驚きつつ、眠い目をこすりながら車に乗り込んだ。お茶室に小さな赤い文机《ふづくえ》が用意され、清書が始まった。

「〝昼間あれだけ検討したのに変えるとは〟とか、〝真夜中に呼び出されてかなわんな〟という思いがまったくなかったわけではないが、松下所長の、その人に寄せる思いというか、感謝というか、誠実さというか、そういうものに深く感動して、一字一字思いをこめて書いたのを覚えている」

のちにPHP研究所の幹部となった、青年所員の貴重な思い出である。

## VI - 14

# 奥さん、長いあいだどうもありがとう

公の席では滅多に妻むめののことを口にしない幸之助が、松下電器の創業五十周年（昭和四十三〈一九六八〉年）の記念式典にはむめのとともに出席した。そして、社員への挨拶の中で、つぎのように語った。

「私は〝奥さん〟と言うておるのですが、会社を創業してから約十六年間は、工場と住まいとがいっしょでしたので、奥さんも仕事を手伝い、住み込み店員の世話をしてまいりました。家族主義の経営とでもいいましょうか、起居をともにして仕事をしてまいったのです。

商売を手伝ったり、店員の方々の世話をしたりすれば、意見や主張も生まれます。私にあれこれ言って喧嘩もよくしましたけどね。言い合いをする中で、店もしだいに繁栄してきたのです。昭和八（一九三三）年に工場が手狭になったということで、門真に引っ越しをいたしました。それを機に奥さんは家庭本位の仕事になりました。

そういうことで、五十周年の記念日を迎え、いちばん感慨深いのは、私自身であり、また奥さんだと思います。二人で喜んで、この席に参上したわけです。奥さん、長いあいだどうもありがとう」

壇上から、むめのに対して頭を下げる幸之助の姿を、万雷の拍手が包んだ。

## VI - 15

# 成功の秘訣は夫婦円満

昭和五十六（一九八一）年三月十七日、テレビ朝日の「溝口泰男モーニングショー」で、幸之助は珍しく妻むめのについて語っている。

——奥様のお年は。

幸之助　八十四歳。

——朝起きてから寝られるまで非常にお忙しい毎日ですが、奥様孝行は？

幸之助　してませんな。（笑）

——どこか旅行へ連れていくとか……。

幸之助　結婚してこのかた年に一回もないです。

——奥様よく我慢されますね。

幸之助　仕事が忙しいので、我慢したというより、そういう環境ですからね。仕事に多少余裕ができたらどこかへ行こうという申し合わせはしたことあるけどね。そうなったらそうなったで、また別の仕事してる。まあうちの家内も仕事が好きでね。特に創業当時は帳簿もつけたりして、家内も忙しかった。共稼ぎですから……。

——今の松下をつくりあげられたのは、松下さんが半分、奥様が半分とお考えですか。

幸之助　そうですね。うちは家内のほうが強いから。家内は六割が自分の働きだと思ってます。

——六割ですか。むしろ奥さんのほうが実績を上げたと？

幸之助　まあそういう心持ちですね。

――奥さんには頭が上がりませんか。

幸之助　上がらんこともないけどもね。交渉ごとは、私より家内のほうが強いですよ。むずかしい交渉は、「あんた行ってくれ」とね。そのほうがうまくいく。お得意先へ行っても弁がたつし、商売もうまいですよ。

――夫婦喧嘩はされますか。

幸之助　それはしませんな。

――やはり商売は夫婦の意見が一致しないとむずかしいですか。よき伴侶といいますか……。

幸之助　そのとおりですよ。

――奥さんと仲が悪いと事業もつぶれますか。

幸之助　それはまず社員が信用しないですからね。偉そうなこと言ってるけど、夫婦喧嘩してるやないか、とね。やはり社員の信用を得るには夫婦仲です。成功しているところは、みな夫婦仲よくしておられる。私も、新しい取引きを始めるときには、その会社の業績より、経営者の夫婦仲を見ますものね。

――なるほど、成功の秘訣は夫婦円満ということですね。

## VI - 16

# 病と仲よく

ある幹部社員が病に倒れ、入院した。「一年くらいの療養が必要」「絶対安静」「面会謝絶」とつぎからつぎに出される医師からの宣告に、すっかり気落ちしてうつうつとベッドに身を横たえていたときである。幸之助が突然、ひょっこり見舞いに訪れた。

予期せぬ訪問に驚き、起き上がろうとする社員を、「起きんでもええ、起きんでもええ、病人は休んでおるもんや」と制して幸之助は言った。

「きみ、病状はお医者さんから聞いたけど、どうやねん。このお菓子な、さっき食べたらおいしかったから持ってきたで。甘くも辛くもないよって、お医者さんも、これやったらええやろうと言われたわ。よかったら、あとで食べてみたらどうや」

封が開いてはいるが、医者にも許しを得た菓子であった。

「きみ、病気してよかったな。せっかく病気したんや、病気を大事にしいや。きみも知ってのとおり、ぼくは若いころから体が弱かった。よう病気になったけど、今はその病気に感謝してるで。きみも感謝しなあかん。

ぼくはな、病気ばかりしていたけど、病気から逃げたことはなかったで。病気と仲よくつきあってきたんや。きみも、病気を恐れとったらあかん。病気は恐れて逃げとったら、あとから追いかけてきよるで。きみが病気と仲よく親しんで、これも修練と積極的に近づいていけばいくほど、向こうから逃げていきよるんや。病気と親しくなれば、病気のほうから卒業証書をくれるもんや。

きみな、お医者さんの言われることはよう聞かなあかんで。そやけど、ほんとうの主治医はきみ自身や。お医者さんは、きみにとってのいちばんのアドバイザーや。

大丈夫、きみの病気は必ず治るよ。病気を大切にして、治ったら病気に感謝しいや。病気さんありがとうという気持ちで、何か記念行事をやりや」

＊二十六歳までに両親ときょうだい七人を病気で喪《うしな》い、自身もまた幼少時より病弱で、肺尖《はいせん》カタルを患っている。生涯病気と向き合い長寿を保った生き方がうかがえる。

VI - 17

# 私の講義はやめましょう

ある経営者が、松下政経塾で、経営についてシリーズで講義をしたときのことである。何度目かの講義の日、たまたま幸之助があとの講義をする予定になっていて、「私も聞かせてもらいまっさ」と、席についた。

塾生の前でならともかく、幸之助の前で経営の話はとてもできないと考えた経営者は、そのとき研究していた「国際社会の動向の中から日本は何を学ぶべきか」という話に、急遽テーマを変更して講義を終えた。

講義のあと、幸之助は塾生に向かって言った。

「きょうはとてもよいお話だった。ほんとうに教えられることが多かった。こんなすばらしい問題提起はない。私はきょうこのあと講義をするつもりでいたが、やめましょう。そのぶんきみたちは、先生の今の話を静かに玩味《がんみ》してほしい。私もじっくり考えてみたい」

一所懸命に講義した者にとって、これほど感激するほめ言葉はなかった。「ああ、話をしてよかった、この人のためならどんなお手伝いでもしよう」と、その経営者は心からの感動を覚えた。

# VI - 18
# 外国語がわからんので……

昭和十（一九三五）年から数年にわたって、幸之助は、今でいう社内誌にあたる『歩一《ほいち》会《かい》会誌』という小冊子に、みずからの生いたち、事業の変遷などを書きつづっていた。大阪の門真から、そのころ幸之助の自宅があった京都の今出川まで、毎月その原稿を取りに行くのが、入社してまのない、ある青年社員の仕事であった。

そのころ松下電器は、すでに従業員三〇〇〇名ほどの企業に成長していたが、その大企業の社長である幸之助に、青年社員はある種の親近感を抱いていた。

というのは、原稿を取りに行ったときに幸之助が、会社へ行く車にいっしょに乗るよう気やすく勧めてくれたことがしばしばあったし、また、その車中でも、青年社員の両親のこと、兄弟のことなど、いろいろと話を聞いてくれたりしていたからである。

中でも特に、青年社員が感激したのは、やはり京都から大阪への車中で、幸之助がこんなことを言ったときであった。

「きみも知ってのとおり、最近は松下電器もしだいに業容が大きくなってきて、わしもいろいろな会合に出席を求められることが多くなってきた。ところがわしは、小学校もまともに出ていない状態や。それぞれの会合で話を聞いていると、ときどき話の途中に出てくる外国語がわからんことがあるんや。

そこできみに頼みたいんやが、いっぺん最近日本語化された外国語を拾い出して、それがどういう意味か書いて、わしに持ってきてくれんか」

そう頼む幸之助に青年社員は、〝ふつう社長ともあろう人がこんなことはなかなか言えるものではない。それをこの人は、こんなに率直に若い自分に言うなんて、なんてすばらしい人なんだ〟と感じ、どんなことがあってもこの会社から離れないでいようという気持ちになったという。

＊小学校中退の幸之助には、まわりの誰もが自分より学を修めた人に感じられていた。謙虚

に「衆知を集める」ことは、幸之助にとって、日常の自然なことであった。

## Ⅵ - 19

# 早食い二人

かつて幸之助はある著名な日本画家を、夫人とともに茶席に招待したことがある。夫人が茶会で幸之助の親戚とつきあいがあったという縁から実現したことで、二人は初対面であった。

画家は食事がすこぶる早い。その日も、「お茶席というものは、ゆっくりものをいただくのが礼儀作法なのですから、あなたのような人はくれぐれも用心なさいませ」と、夫人からきつく言われていた。そんなことを気にしながら、ひと口、料理を口に入れたときである。幸之助が言った。

「私はねえ、先生、もう食事がはよおましてね。他人の倍以上もの早さでご飯を食べてしまうんです。どう見ても上品な癖ではありませんな。その上、よく考えごとをしながら食べるでしょ。ですから、ご飯粒は落とす、汁はこぼすでズボンによくしみをつけてしまいます。この年になって、いまさらエプロンかけるわけにはいきませんしね。考えごとをしていなくても、スピードは変わらない。『ああ、おいしかった』とお箸を置いても、いったい何を食べたのか、何がおいしかったのか、これがはっきりしないのですよ。こんな調子では、一所懸命料理をつくってくれた家内にもすまないと思いながら、長年の習性というものは変えられんもんですな。何しろ、個人で仕事をやっていたころは、一人で何もかもやらなければならんでしょう。やれお客や、それ火が落ちる、ということで腰を浮かして食事をせざるを得なかった。それが習い性になってしまったんでしょうな。

でもね、ときどき、〝太閤《たいこう》秀吉の食事も早かった〟と自己弁護することもあるんですよ。横着なもんですな。ハッハッハッ……」

画家は、そのときすっかりうれしくなった、とのちに語っている。

# VII

## VII - 1

# 万に一つの心くばり

得意先二五〇余名を本社に招き、日ごろの取引きに感謝する行事があった。創業五十周年を記念する一連の招待会の皮切りとして、大切な催しであった。

この催しを成功させようと、担当者は詳細なスケジュールを立て、各人の役割を決めて、細心の注意を払いつつ準備を進めていた。当然、予行練習も行なった。

まず、客がホテルから貸し切りバスで正面玄関に着く。本社従業員が総出でナショナルの小旗を振る。そして、会長、社長、副社長以下役員がそろって玄関前で出迎える。『百事礼法』等の研究も怠りなく、会社最高幹部の出迎えの位置も、礼法のとおり、玄関にいちばん近いところと定められた。

さて、当日のことである。

玄関の前には石段が数段あったが、それを上がったすぐ左側が幸之助の立つ位置であった。そこにしばらく立っていた幸之助は、何を思ったのか、突然その石段をトントンと下りたり上がったり、三、四回くり返し、ときおり頭を下げてお辞儀をしていたが、やがて担当責任者を呼んだ。

「きみなあ、お客様がこの石段を上がってこられるとき、『松下君、おめでとう』と言って頭を下げられるかもしれへんな。そのとき、階段につまずかれて、転ばれるかもしれん。万が一にもお怪我でもされたら、こりゃたいへんなことやで。だからわしは、この階段の下でお迎えするわ。ええやろ」

役員幹部もそれにならったのは言うまでもない。

＊お客様大事の心の表れなのは元よりだが、人としての礼の精神、またそこを基とした人や物に対する処遇について、幸之助は常に考え抜く人であった。

## Ⅶ-2

# 叱ってもらえる幸せ

あるとき、すでにかなりの地位にある社員が、ふとした過ちを犯した。これは見過ごしにはできないということで、幸之助は譴責《けんせき》状を渡して注意することにした。

「きみのやったことに対して譴責状をあげようと思うのだが、もしきみに多少とも不満があるのなら、こんなものはもったいなくてあげられない。だからやめようと思う。しかし、きみがほんとうに〝なるほどそうだな〟と感じるのであれば、きみは今後反省して、非常に立派な人間になってくれると思うから、それだけの手数をかけても価値があると思う。けれども〝叱られるのはつまらんが、まあしかたがないな〟というんであれば、ここにこうして書いてあるのだが、あげるのはやめておこうと思うんだ。きみ、どうだね」

「はい、頂戴したいと思います」

「きみ、ほんとにぼくの言っていることがわかるか。心からうれしく思うかね」

「ほんとに思います」

「それなら結構だ。ぼくは喜んで譴責状をあげよう」

そこへちょうど、その社員の同僚と上司とが来あわせた。

「ああ、きみたち、ちょうどいいところに来た。きみたちも立ち会ってくれたまえ」

幸之助はその経緯を説明した。

「今彼に譴責状を渡そうと思う。喜んでもらうということだから、ぼくは非常に愉快な気持ちだ。今読んでみせるから、きみたちもいっしょに聞いてくれ」

そのあとで幸之助は、三人を並べてこんな話をした。

「ぼくは、きみたちは幸せだと思う。こうして譴責してくれる人がいるということはいかにうれしいことか。しかしもし、ぼくが何か間違いを犯しても、叱ってくれる人はいない。陰で〝けしからん〟とは言っても、面と向かって言ってくれる人はいない。だから、気づかないうちに過ちを重ねることにもなりかねない。幸いきみたちには、ぼくやその他の上役がいるから叱ってもらえるんだ。

こういう譴責状をもらえるなどという機会は、これから上へ行けば行くほど少なくなるのだから、この機会を非常に尊い機会だと思ってもらいたいものだね」

VII - 3

# 五銭白銅の感激

幸之助は九歳（明治三十七〈一九〇四〉年）のとき、単身大阪に奉公に出たが、最初の奉公先は、八幡筋の宮田火鉢店であった。親方と何人かの職人が火鉢をつくり、それを店頭で売るという半職半商の商店で、ここで、朝早く起きて、拭き掃除をしたり、子守りの合間に火鉢を磨いたりするという小僧生活が始まった。

幸之助は故郷で困窮した生活を経験していたので、仕事そのものはそれほどつらいとは思わなかった。しかし、故郷を離れた心の寂しさには耐えられず、夜、店が閉まって寝床に入ると、母親のことを思い出して涙をこぼす日が続いた。

奉公を始めて半月あまりたったある日、主人が、「ちょっとおいで」と幸之助を呼んだ。そして「ごくろうさん、給料をあげよう」と言って、五銭白銅を手渡してくれた。故郷では、母に一厘銭をもらい、近所の駄菓子屋でアメ玉を二個買うのが楽しみだった幸之助にとって五銭は大金である。

〝たいへんなお金をくれるのだなあ〟と、初めて五銭白銅を手にしたうれしさに俄然元気が出て、それからは〝母恋し〟の泣きみそもすっかり治ってしまった。

それから八十年もたった九十歳のころ、「今まででいちばんうれしかったことは」と問われて、幸之助はこのときの五銭白銅の思い出をあげている。

## Ⅶ-4

# 唯一無二の宝物

最初の奉公先の火鉢店が、幸之助が入って三カ月で店を閉めたため、幸之助は親方の知り合いの五代自転車商会に移った。大阪船場《せんば》の堺筋淡路町。商都・大阪でいちばんの商売の中心地である。幸之助は、この自転車店で、満十歳から足かけ六年間の奉公生活を送った。

主人夫妻には子どもがなかったため、四、五人いた小僧の中でもいちばん年少の幸之助は、商人としての厳しいしつけを受けつつも、まるで実子のようにかわいがられた。

自転車店が開業して何年目かの記念日のことである。写真屋に来てもらい、夫妻以下一同で記念撮影をしようということになった。

ところがその日、あいにく幸之助は用事を言いつかって出かけなければならなくなった。撮影の時間までにはなんとか戻ろうと思って出かけたものの、先方で思わぬ暇がかかり、用事をすませて急いで戻ってきたときには、すでに写真はとり終わり、写真屋も帰ってしまっていた。

「幸吉（奉公時代の愛称）ッとん。おまえ、帰りが遅かったさかい、待っとったんやけど、写真とってもろうて、もう写真屋帰ってしもうた。また今度のときにとるさかいに……」

主人の言葉に、幸之助はこらえきれず泣きだした。

まだ十歳の少年である。写真と

自転車店夫人・五代ふじ氏との人生最初の写真

いうものに接する機会が滅多になかった時代のこと、せっかく写真をとってもらえるということでうれしくてたまらなかったのが、自分だけ抜かされてしまった。それが悲しかったのだ。

すると、泣いている幸之助を見かねた奥さんが、「幸吉ッとん、かわいそうに」と、わざわざ幸之助を写真屋へ連れていき、二人並んで写真をとってくれた。

そのときの写真は幸之助の大切な一生の宝物になった。

## Ⅶ-5

# 父のひと言

幸之助が十一歳になったころ、それまで郷里の和歌山に住んでいた母と姉が、幸之助や父がいる関係で、大阪の天満に移ってきた。そして、姉は読み書きができたので、大阪貯金局に事務員として勤めることになったが、そこでたまたま給仕の募集があることを知り、そのことを母に伝えた。

母は、奉公している幸之助を手元で育てたいと思ったのであろう。幸之助に、「幸之助も小学校を出なくては、先で読み書きに不自由するだろうから、この際、給仕をして夜間は近くの学校へでも行ってはどうか」と勧めてくれた。

母の手元から給仕に通って、夜は勉強する。窮屈な奉公生活をしていた幸之助にとって、それはたいへんうれしい話である。「ぜひそうしてほしい」と、母に願った。母は、「それではお父さんに話して、お父さんがよければそうすることにしましょう」と言ってくれた。

ところが、そのつぎに父に会ったとき、父はきっぱりこう言った。

「お母さんから、おまえの奉公をやめさせて、給仕に出し、夜は学校に通わせては、という話を聞いたが、わしは反対じゃ。奉公を続けて、やがて商売をもって身を立てよ。それがおまえのためやと思うから、志を変えず奉公を続けなさい。今日、手紙一本よう書かん人でも、立派に商売をし、多くの人を使っている例がたくさんあることを、お父さんは知っている。商売で成功すれば、立派な人を雇うこともできるのだから、決して奉公をやめてはいけない」

せっかくの母の思いであったが、幸之助は給仕になることを断念した。その後ほどなく父は病にかかり亡くなったが、この父の言葉は、奉公中はもとより、事業を始めてからも、ときおり思い出され、幸之助を支えてくれたのである。

＊松下家を没落させたことを、常々、幸之助に詫びていた父のためにも、商売に成功して松下家を再興させることは、幸之助の大きなモチベーションになっていたことだろう。

## Ⅶ-6

# タバコの買いおき

「ちょっと小僧さん、タバコ買うてきてくれんか」

幸之助が自転車店に奉公していたころ、自転車を修繕しに来た客によくそう言われた。

「へェ、よろしおますッ」

初めのうちは汚れた手をいちいち洗って、近所のタバコ屋まで駆け出していった。やがてこれではいちいち面倒だ、時間もかかるということで、一計を案じた。

〝一度にたくさん買っておこう。それを言われたつど出せばいちいち買いに走る面倒もないし、修繕中の手を休ますこともない。しかも早くお客さんに手渡せる〟

そこで自分の金で二〇個入りの一箱をまとめて買った。すると、一個おまけがついた。幸之助はそのことを実際に買ってみるまで知らなかったが、敷島が一箱一〇銭、朝日が八銭、月に二箱や三箱は売れたので、二、三〇銭の儲けが出た。小僧の給料が五〇銭から一円の時代である。結構な小遣いで、まさに一挙両得であった。

しかし、このタバコの買いおき、お客さんにはなかなか好評だったが、半年ほどでやめてしまった。ある日、主人が幸之助を呼んでこう言ったのである。

「あのなあ、幸吉、あのタバコの買いおき、あれやめとき。お客さんは喜ばはるし、おまえにとっても都合がええやろけど、はたのもんが何かとうるさい。ごちゃごちゃ言いよる。もちろんお客さんも大事やけど、店の中がみんなうまく、しっくりいかんと困るさかいに、不服やろけど、とにかくやめとき」

幸之助はそのときのことを、のちにこう述懐している。

「人と人との関係はむずかしいもんやということですな。だれも損をしない、いいアイデアでさえも、ときには長続きしないことがあるんです。今考えると、タバコで儲けた金を、全部といわんまでも、一部出して、みんなにおごったらよかったんです。利益の還元というか、分配ですね。しかし、そのころは、そこまでは気がつかなかった」

## Ⅶ - 7

# おまえはどっちの店員か

自転車店で小僧としての修業を始めて三年目、十三歳のころのことである。

幸之助は、〝一度自分一人で自転車を売ってみたいものだ〟と考えるようになっていた。当時、自転車は一〇〇円前後。今日の自動車に匹敵する価格で、客から話があっても、小僧が一人で売り込みに行くなどということはできなかったのである。

そんなある日、本町二丁目の蚊帳《かや》問屋から、「自転車を買いたいのやが、ちょうど今、主人が店にいるから、すぐ持ってきて見せてくれ」と電話が入った。

ところがあいにく番頭も店員もみな出払っていて、幸之助しかいない。主人は、「先様もお急ぎのようだから、おまえとにかくこれを持っていっておいで」と幸之助に命じた。

幸之助にとっては好機到来である。自転車の性能を蚊帳問屋の主人に、一所懸命説明した。

十三の子どもが熱心に説明するのがよほどかわいく見えたのか、主人は、「なかなか熱心なかわいいぼんさんやなあ。よし、買うてやろう」と言ってくれた。

「ありがとうございます」

「その代わり一割まけとき」

幸之助は、いつも店では一割まけて売っているのを知っていた。だから、「はい、よろしおま、店に帰って主人にそう伝えます」と意気揚々と引きあげてきて報告した。

「あれ一割引いて売ってきましたでえ」

当然喜んでくれると思った主人が、渋い顔で言う。

「なんでいっぺんに一割も引くんや。商売人というもんはそんなに簡単にまけたらあかん。五分引く話はあっても、いっぺんに一割引く話はあらへん。五分だけ引くともう一度言うてこい」

いくら小僧でも、いったん売ると約束してきたあとである。いまさら話が違いましたとは言いにくい。そう言わずにまけてやってくれと、幸之助はシクシク泣きだしてしまった。

これには主人も面くらって、

「おまえはどっちの店員か。しっかりせなあかんやないか」

とたしなめたが、幸之助は容易に泣きやまなかった。

そうこうするうちに蚊帳問屋の番頭が、「えらい返事が遅いがまかりまへんか」と尋ねてきた。そこで主人が、「この子が帰ってきて、一割引きにまけてあげてくれと言って泣きだしよって、今もどっちの店員かわからんやないかと言うておったところです」と事情を説明する。番頭からその様子を伝え聞いた蚊帳問屋の主人は、

「なかなか面白い小僧さんやないか。それじゃ、その小僧さんに免じて五分引きで買うてあげよう」

とうとう幸之助は自転車を売ることに成功した。それだけではなく、この話にはおまけがついた。

「この小僧さんがいるうちは、自転車はおまえのところから買うてやろう」

幸之助は大いに面目を施したのである。

＊船場での奉公時代を幸之助は、「船場学校で学んだ」と語り、商売・人生の機微を学んだ原点の時として大切にしていた。

## Ⅶ-8

# 窮余の一策の電報

明治時代も後半になると、街の様子は激しく変わっていく。ガス灯やランプが電灯に替わり、古い商家がこわされて新しい洋風建築が立ち並ぶ。丁稚や職人に替わって、工場労働者やサラリーマンが増える。交通機関も、乗合馬車から電車に替わる。大阪の街にも明治三十六（一九〇三）年、市電が走った。

明るい電灯のついた洋風建築の立ち並ぶ大通りを、多数の乗客を乗せて走る電車を見て、幸之助の心は動いた。

「今の自転車店での仕事にはこれといって特に不満はない。しかし、新しい電気の仕事をしてみたい」

幸之助は大阪市内に住んでいる姉夫婦を訪ね、自分の考えを打ち明けて、義兄に大阪電灯会社への就職の世話を依頼した。

しかし、六年間何かと世話になってきた店である。長いあいだ寝食を共にした仲間もいることを思うと、愛着があり、なつかしさがあり、「お暇《いとま》を頂戴したい」のひと言がなかなか言い出せない。その一方で、早く店を出て電灯会社へ替わりたい気持ちが日に日につのってくる。

そこで、窮余《きゅうよ》の一策で一計を案じた。

「ハハ、キトク」

人に頼んで、こう電報を打ってもらった。

主人はこう言ってくれた。

「お母さんが病気で心配だろう。ここ四、五日、落ち着きがないようだが、万一店をやめたいとでも考えているのなら、正直に話しなさい。六年も勤めてくれたのだから、どうしてもというのなら暇をあげよう」

しかし、幸之助は、この主人の思いやりある言葉に「そうです」とは答えられなかった。心ではすまないと詫びながら、着替え一枚を持って店を出て、それきり帰らなかった。しばらくたってから、お詫びと暇をもらいたい旨を手紙で伝えたのである。

幸之助が十五歳（明治四十三〈一九一〇〉年）のときのことである。

Ⅶ-9

# おれは運が強いぞ

幸之助は、十五歳のとき、町を走る市電を見て電気事業にひかれ、六年近く勤めた五代自転車商会をやめた。そして大阪電灯会社への入社を志願するが、欠員が出るまでの三カ月間、セメント会社で臨時運搬工として働くことになった。その間の出来事である。

幸之助は毎日、大阪築港《ちっこう》の桟橋から船に乗って仕事場に通っていた。夏のころであったが、ある日、帰りに船べりに腰かけていると、一人の船員が幸之助の前を通ろうとして足を滑らせた。その拍子に幸之助に抱きついたので、二人はそのまま、まっさかさまに海に落ちてしまったのである。

びっくりした幸之助は、もがきにもがいてようやく水面に顔を出したが、船はすでに遠くへ行ってしまっている。〝このまま沈んでしまうのか〟不安が頭をよぎった。が、ともかく夢中でバタバタやっているうちに、事故に気づいた船が戻ってきてようやく引き上げてくれた。〝今が夏でよかった。冬だったら助からなかったろう〟と、幸之助は自分の運の強さを感じた。

また、こんなこともあった。松下電気器具製作所を始めたばかりの大正八（一九一九）年ごろ、自転車に部品を積んで運んでいたとき、四つ辻で自動車と衝突したのである。五メートルも飛ばされ、気づいたときには電車道に放り出されていた。そこへちょうど電車が来た。〝やられる〟と目をつぶったが、電車は急ブレーキをかけ、幸之助のすぐ手前で止まった。部品はあちこちに散乱し、自転車はめちゃめちゃにこわれたが、幸之助はかすり傷一つ負わなかった。

これらの経験から幸之助は、〝自分は運が強い。滅多なことでは死なないぞ〟という確信を持った。そして、〝これほどの運があれば、ある程度のことはできるぞ〟と、その後、仕事をする上で大きな自信になったという。

## Ⅶ－10

# 天国の発見

幸之助が大阪電灯会社で配線工として働いていたときのことである。

真夏のある日、幸之助は下寺町《したでらまち》というところへ電灯の取り付けに行った。そこには二、三〇〇年も前から建っている古いお寺が並んでおり、そのお寺も二〇〇年前に建てられたものであった。

本堂のすみの天井板をめくって上がると、真っ暗で、しかも屋根が焼けてむっとする熱気である。その上、動くたびに二〇〇年分の埃《ほこり》が煙のように舞い上がる。汗は流れる、息は苦しい。〝えらいことやな〟と思いながらも作業にとりかかった。

しかし、年も若く、電線を引くことに非常に興味があった幸之助は、工事に没頭すると、埃も、汗も、息苦しさも忘れてしまった。それらがあまり苦にならないまま、一時間ほどで配線を終え、下へ降りた。

まったく別天地の思いである。とても涼しく、空気もいい。天井裏のように歩いたら埃が立つということもない。言うに言われない、さわやかな気分、地獄から天国へ上がったような瞬間であった。それは幸之助にとって忘れることのできない味であった。要は天井に入って出てきたというだけのことである。にもかかわらず、非常な喜びがあり、愉快さがあった。

〝さっきまで地上は暑い暑いと思っていたのに、今その暑い地上が天国のように涼しいと感じる。暑さ寒さばかりではない。何か困難や苦しいことがあっても、人は仕事に集中すればそれを忘れることができる。また、それをやり終えたあとには、非常なうれしさがある〟

そういうことを、幸之助は真夏の配線工事を通してまざまざと教えられた。そしてその後も、これに似た体験をするたびに、思いを新たにしてきたという。

## VII - 11

# 字の書けない事務員

大阪電灯会社に勤めていたあるとき、幸之助は職工から事務員に抜擢《ばってき》された。〝ろくに学校を出てもいないのに事務員に選ばれるとは〟と、幸之助は非常にうれしく名誉に感じた。

机を一つあてがわれ仕事を始めたが、内容はきわめて簡単だった。検査員が調べてきて報告する、どこそこを直さなければならないという工事結果を、そのまま伝票に写すだけのことである。

ところが、幸之助は、尋常小学校を四年で中退、その後、文字に接する機会といえば、奉公時代に店番をしながら講談本を読んだことぐらいしかなかった。だから、字を書くにしてもなかなか整った字にならず、思うように事務が進まない。

数日後、幸之助は主任に呼ばれた。主任は伝票に目を落としながら言った。

「きみ、学校へ行ってないのか。もっと字をけいこせないかんよ」

かねがね自分でも気にしていた点を注意されて、幸之助は元の職場の主任のところへ行って頼んだ。

「すみませんが、私をもう一度、元のところに戻してください。字を書くのはむずかしいですわ」

主任は承諾してくれた。もし幸之助がもう少しうまく字が書けていたら、その後の人生はまた異なったものになっていたにちがいない。

＊五代自転車商会の元従業員の証言によれば、先輩店員から字がうまく書けないことを揶揄《やゆ》された幸之助は、「自分はいつか代わりに字を書いてもらえる、人の上に立てるような人になります」と答えたとのこと。

VII - 12

# 質屋の通い帳

あるとき、幸之助宅の蔵の中から一束の古い書類が出てきた。配線工として勤めていた大阪電灯会社時代に会社からもらった十数枚の昇給辞令や、給与の明細書、退社したときに受けた退職金の支給辞令などが一枚も紛失せずに出てきたのである。

その中には、幸之助が大正六（一九一七）年に電灯会社をやめて、翌七年に松下電気器具製作所を開くまでの一年間に、何回か利用した近所の質屋の通い帳なども混じっていた。

大正六年ごろの幸之助はといえば、独立して苦心の末につくったソケットは完成したものの、大阪じゅうを十日間駆けずりまわって、売れたのはようやく一〇〇個ほど。一〇円足らずの売上げを得ただけで、資金も乏しくなり、あすの生計さえどうなるかわからないというほどの困窮に陥っていた。

その困窮のほどは、その通い帳の中に、妻むめのの着物や帯から指輪まで質入れされた、と記されていることからも想像できる。

またその当時のこととして、幸之助が風呂に行くにも、風呂銭がないので、むめのがそれとなく話題を仕事のことにそらし、風呂のことを忘れさせたという逸話も残っている。

＊こうした苦労話は数々残っているが、幸之助は、「難儀はしたけれども、苦労はしていない。難儀と、苦労とは違う」と語り、むめのも、「私自身は少しも苦労だとは思いませんでした」と、それぞれ自著に書いている。

## Ⅶ - 13

# 不正を働く者がいた

松下電器がまだ五〇人くらいの規模のときのことである。

従業員の中に、工場の品物を外に持ち出すという不正を働く者が出た。

それは幸之助にとって初めての体験であった。

〝どういう処置をすべきか、主人である自分がピシッと決めなければならない。工場をやめさせてしまうこともできるし、何らかの罰を与えてすますこともできる。どちらがよいのか〟

いろいろ考えだすと夜も眠れなくなった。

当時は、従業員の解雇は比較的簡単で、一方的にやめさせることもできた。それで世間も納得し、問題になるようなこともなかったのである。

しかし、幸之助は、せっかく採用していっしょに仕事に取り組んでいる従業員を、ちょっと不正をしたからといってすぐにやめさせてしまうのは気がすすまなかった。

〝できれば、これからもいっしょに仕事を続けていきたい。しかし、たとえちょっとしたことでも一度不正を働いた者をそのままみんなといっしょに働かせることが好ましいのかどうか。やはりここは、思い切ってやめさせるのがいちばんいいのではないか〟

考えてもなかなか結論が出ず、迷いは深まるばかりであった。

そんなとき、幸之助の心にフッとある考えが浮かんだ。

〝今、日本に悪いことをする人はどれくらいいるのか〟

ということである。

〝法を犯すような悪いことをする人が、かりに一〇万人いるとすれば、法にはふれないが軽い罪を犯している人は、その何倍もいるだろう。その人たちを天皇陛下がどうされているかというと、あまりに悪い人は監獄に隔離するけれども、それほどでもない人については、われわれといっしょに生活し、仕事をすることをお許しになっている。そうした中にあって、一工場の主人にすぎない自分が、いい人のみを使って仕事をしようとすることは、天皇陛下の御徳をもってしてもできないことを望んでいるようなもので、少し虫のよすぎる話ではないか〞

天皇陛下が絶対的な存在であった時代である。幸之助はそう考えると非常に気が楽になった。

〝将来もし一〇〇〇人、二〇〇〇人と会社が大きくなっていけば、何人かは会社に不忠実な人や悪いことをする人が出てくるだろう。たくさんの人を使っていくのであれば、それはいわば当たり前の姿だ。しかし、それは一〇〇人のうち一人とか二〇〇人のうち一人とかで、従業員全体としては信頼できる。それは経営者にとって非常に幸せなことではないか。とするならば、特にやめさせることはない。必要な罰を与えるにとどめておこう〞

このことがあってから、幸之助は従業員を信頼し、非常に大胆に人を使えるようになった。

## Ⅶ-14

# 折れた箸

事業を興したばかりのころのことである。夕食の最中、熱いお茶がほしいと幸之助に言われて、妻のむめのはうんと熱いお茶を入れた。それをガブリと飲んだ幸之助は、「熱いやないか！」と文句を言った。

〝自分で言っておきながら〟と、思わず笑ったむめのにカチンと来たのであろう、幸之助は手にした象牙《ぞうげ》の箸で、お膳を思い切り叩いた。箸の先は折れてしまった。

むめのは、その箸をわざとしばらくそのままにしておいた。幸之助はしかたなく、折れた箸を工場に持っていき、みずから砥石《といし》で削り直した。さすがにばつが悪くて、「替えてくれ」とは言えなかったのであろう。

そんな夫婦喧嘩があってから、むめのは湯飲みに手をあて、飲みごろを確かめてから、お茶を出すようになった。食事中でも仕事のことを考えだすと、火傷《やけど》するほどの熱いお茶でもそのまま口に運ぶという幸之助の性格を、むめのはそのとき、改めて確認したのである。

晩年、二人はテレビの取材で、「妻として夫として何点をつけますか」と問われ、幸之助はむめのを、「九五点」と答え、むめのは幸之助のことを、「八五点、カンシャクもちやから」と笑って答えている。

Ⅶ - 15

# 高野山の運だめしの石

大正十四（一九二五）年から、松下電器では砲弾型自転車ランプの一手販売をある商店に任せていたが、しだいに幸之助とその商店の主人の販売方針にくい違いが生じ、意見が対立するようになってきた。

「このランプはもっと安くすればさらに多数売れるから、売り値を下げたい」と言う幸之助に対し、主人は、「こういうものは三年ぐらいの寿命で消えてしまうのだから下げなくていい」と反対する。

「それならばこの砲弾型の販売はあなたにお任せするが、もう一つ違う型のものを考える。これは自分のほうで売らせてほしい」

「新しいものをきみが売るんだったら、一万円の罰金を出せ。補償金を出せ。そうしたらそのぶんはきみのほうで売ることを認めよう」

当時一万円は大金である。しかし、幸之助はどうしても自分の方針どおりの販売をしてみたいという思いから、条件をのんで一万円を支払った。すると主人は、「これは一万円タダで儲かったようなものだ」と喜び、「一席招待しましょう」と言って、幸之助を高野山に案内してくれた。

参道を歩いていくと、井戸のそばに運だめしの石というのがあった。

「これは弘法大師が唐から持ち帰ったという石で、この石を棚の上に乗せることのできた人は運が強いということなんです」

そう言って、主人が試みたが、なかなか上がらない。

つぎに幸之助が、

〝きょうは一万円を出してこの高野山に連れてこられたが、これが生きるかどうか、この運だめしの石でためしてみよう〟

と、静かに念じてやってみると、幸之助自身も驚くくらい軽々と持ち上がった。この瞬間、幸之助の胸には、新しいランプは必ず成功するという信念が力強く湧いてきた。

## Ⅶ-16

# 鬼門、気にせんとこ！

昭和八（一九三三）年、松下電器は、大阪の北東郊外に位置する門真村に新本店と工場群を建設し、事業の本拠を大開町から移した。大開町の工場では、日々の生産が追いつかなくなったからである。

寝屋川《ねやがわ》流域にある門真は、河内《かわち》名産の蓮根《れんこん》畑が見られる田園地帯だったが、区画整理がすんで売りに出された土地があった。どこかいい土地はないかと探していた幸之助が、一見してここがいいと決めたのである。

ところが、大阪から見て門真は北東、表鬼門である。鬼門へ移転するのはなんとなく心にひっかかるものがある。いやがる者も少なくない。

「方位の悪いほうへわざわざ行くなんて、やめたほうがよろしいで」

忠告してくれる者もあった。

〝なるほど、そう言われてみればそうだな……〟

気にしだすと気になるものである。しかし、鬼門だからといって門真進出をあっさりあきらめてしまうわけにはいかない。大阪市内では、十分な土地を確保することはできない。将来の発展ということを考えても、この門真しかない。どうにか門真進出を果たしたい、しかし鬼門だというのもひっかかる。

いろいろと考えているうちに、幸之助の頭にフッとひらめくものがあった。

〝北東にあたるのが鬼門だというが、南西から北東にのびる日本はいったいどうなるのだ。どこへ行っても鬼門ばかりで、日本国民は全部、日本の国から出ていかねばならなくなる。そうしてみると、門真は確かに大阪の鬼門だが、鬼門であること自体は気にすることはない〟

こう考えると幸之助の胸はスッと楽になった。

〝かまわん、気にせんとこ！〟

幸之助は門真進出を決断した。

## Ⅶ - 17

# 大笑いの手相占い

　幸之助の娘・幸子が結婚してまもなくの昭和十七、八年のころのこと。幸之助が珍しく家庭サービス精神を発揮して、幸之助・むめの夫婦と幸子・正治夫婦の四人で寄席《よせ》に行き、その帰りに梅田の御堂筋沿いを通った。

　すると、歩道の一角でテーブルを置き、行燈《あんどん》を掲げている占い師を見かけた。珍しく、幸之助のほうから、「面白そうやな」と寄っていき、真っ先に手のひらを差し出した。手相見だったのである。手相見はしげしげ幸之助の手相を見ると、開口一番、「あんた、そんなに商売うまくありまへんな」と言った。家族はうしろで、笑いをこらえるのに必死だった。

　占い師は続けて、「あなたは実業家としていいかもしれないけれども、どちらかといえば思想家か宗教家のほうが向いているような気がするんですわ。なぜなら、あなたはそこそこ財産をつくるんですが絶対に全部なくしてしまいます」

妻のむめのがその言葉に笑いながら、「今度は私」と言って、席を代わった。占い師は、今度も手相をしっかり見定めて、幸之助の顔を見上げ、「あ、この奥さんと一緒だったら大丈夫ですわ」と真顔で答えたところで一同、大爆笑となった。

戦争さなか、すでに相当事業を拡大していた当時五十歳手前の幸之助にとっては、奇想天外な占いの結果だった。だが、その後、敗戦によって、負債一〇億、税金滞納王と呼ばれるまでの打撃を受け、その苦境の中、PHP研究への取り組みを始めたり、高度成長期を経て、功成り名を遂げたあとに松下政経塾を建塾したりしたことを思えば、あながちはずれてはいなかった。

松下家では、あの占い師の一件は、不思議な出来事として語り継がれていた。

Ⅶ-18

# 自分の頭をなでてやりたい

昭和四十八（一九七三）年七月、幸之助は会長を退任し、相談役に就任した。そのときの記者会見で、「今の感慨は？」と問われ、つぎのように答えた。

「まあ非常によかったという感じで、今、胸がいっぱいです。五十五年というと相当長い期間でございますが、その間、第一、体がよく持ったということですな。そういうことで、現業に立って五十五年、無事に務められたということは、これは非常に私個人にとって結構なありがたいことであったと、こういうように思います。

まあ〝自分ながらよくやったな〟ということで、自分の頭をこうなでてやりたいような感じですな」

Ⅶ - 19

# 六十年間、ありがとう

一月十日。松下電器では毎年この日に経営方針発表会を行なっているが、とりわけ昭和五十三（一九七八）年のそれは、創業六十周年にあたることもあり、例年にも増して、意義深い日であった。

その日、幸之助も例年どおり経営方針発表会に出席し、つぎのような挨拶をした。

「今から六十年前に、松下電器を創立したときは、わずか三人でした。六十年後の今日では、松下電器は六万人を超える人数になっています。関係会社を入れると一五万、そういう人たちが、みんな松下電器で仕事をしているのかと思うと、私としては夢のようです。六十年と言いますと、個人であれば還暦ということで、また元へ返って、もう一度一からやり直すというならわしがあります。松下電器も本日もう一ぺん元に返って、一五万人から再出発するのです。

このつぎの六十年には、私はおりませんでしょう。皆さんもいないかもしれません。しかし、とにかく発展したその巨大なる姿は、想像もつかないほどになっていると思います。私は、この六十年間に、これだけの仕事をしてくださった皆さんに、心からお礼を申しあげます」

幸之助はそう言うと、演壇から歩み出て深々と三度頭を下げた。

「皆さんどうもありがとう」

幸之助が頭を下げるたびに、会場に大きな拍手が湧き上がった。

Ⅶ - 20

# お願いするのは私です

幸之助は平成元（一九八九）年四月二十七日、午前十時六分に九十四歳で亡くなった。最後まで治療にあたったのは松下記念病院の当時の院長である。

院長によると、幸之助の健康に異変が生じたのは四月六日。風邪をひいて三十八度の高熱が出たので、レントゲン撮影をすると気管支肺炎とわかった。幸之助は二年ほど前から声帯の萎縮によって声がほとんど出せない状態で、声をかけても小さな声で「うん」とうなずくのが精いっぱいだった。四月二十日、院長が気管にたまったたんをチューブで吸い出す際に、「これから管を喉《のど》に入れます。ご辛抱ください」と声をかけると、幸之助はふりしぼるように、「いやいや、お願いするのは私です」と、低くかすれた声で答えた。これが幸之助の最後の言葉となったという。

院長は、「あのひと言は終生忘れることができません。苦しい病の床にありながらも相手を思いやる、松下さんのすべてを物語っている言葉だったと思います」と語っている。

※本書は、二〇〇九年一月にＰＨＰ研究所から刊行された『エピソードで読む松下幸之助』（ＰＨＰ新書）を改題し、加筆、修正の上、再編集したものです。

※本書の中には、現代では好ましからざる発言や表現ともとられかねないものもございますが、松下幸之助が生きた時代のものとして、割愛や省略はせず、基本的にそのままの形で掲載しております。

※社名、組織名および団体名等（略称含む）、その他の固有名詞は、当時のまま掲載しております。

〈編著者略歴〉
**PHP理念経営研究センター**
松下幸之助が提唱した〝理念に基づく経営のあり方〟を探求するために設立された研究機関。企業をはじめとする各経営体が、いかに各自の経営理念に基づく良好な経営を行なうか、すなわち〝経営理念〟実現の手法を模索し、理念経営についての理論研究や調査を推進し、企業等の組織の経営力向上のためにさまざまな提言活動をしている。

人間を知る、経営を知る
**松下幸之助　感動のエピソード集**

---

2024年4月8日　第1版第1刷発行

| | |
|---|---|
| 編著者 | PHP理念経営研究センター |
| 発行者 | 永田貴之 |
| 発行所 | 株式会社ＰＨＰ研究所 |

東京本部　〒135-8137　江東区豊洲5-6-52
ビジネス・教養出版部　☎03-3520-9615（編集）
普及部　☎03-3520-9630（販売）
京都本部　〒601-8411　京都市南区西九条北ノ内町11
PHP INTERFACE　https://www.php.co.jp/

| | |
|---|---|
| 組版 | 石澤義裕 |
| 印刷所<br>製本所 | 図書印刷株式会社 |

---


ISBN978-4-569-85678-0

PHPの本

# 道をひらく

松下幸之助 著

運命を切りひらくために。日々を新鮮な心で迎えるために——。人生への深い洞察をもとに綴った短編随筆集。50年以上にわたって読み継がれる、発行560万部超のロングセラー。

ＰＨＰの本

# 続・道をひらく

松下幸之助 著

身も心も豊かな繁栄の社会を実現したいと願った著者が、日本と日本人の将来に対する思いを綴った１１６の短編随筆集。『ＰＨＰ』誌の裏表紙に連載された言葉から厳選。

PHPの本

# ［新装版］思うまま

松下幸之助 著

「心を鍛える」「道を定める」「人生を味わう」――。折々の感慨や人生・社会・仕事に寄せる思い240編余りを集めた随想録。明日への勇気と、生きるための知恵を与えてくれる。

PHPの本

# 松下幸之助の死生観

## 成功の根源を探る

川上恒雄 著

希代の経営者を突き動かしたものとは？

松下幸之助の根底にある人間や世界に対する見方や考え方を「死生観」の視点でまとめたもの。